台灣自我殖民的困境

從被出賣到凌虐，台灣被殖民與自我殖民的困境

黃光國 著

目錄

導論

本套書總名為《夾縫中的台灣》，內分三冊，第一冊《中西文明的夾縫》，旨在說明西方殖民帝國主義興起之後，包括中國在內的非西方國家，為什麼會淪為殖民地或半殖民地。第二冊《台灣自我殖民的困境》，前半部敘說日本帝國主義佔據台灣之後，先人奮起反抗的歷史。第六章〈被屈辱的台灣〉，則由蔡英文執政後在琉球樹立的「台灣之碑」，說明獨派為了追求獨立，如何刻意扭曲歷史。

這種扭曲歷史的現象，反映出本書第三冊《殖民現代性的辯證》所要探討的一個根本問題：被殖民的知識菁英，為了追求所謂的「現代性」（modernity），不惜拋棄自己的文化傳統，而盲目推崇殖民主所提倡的價值觀，結果形成所謂「自我殖民」的現象。這種現象從獨派人物選擇性地推崇後藤新平，可以看出其端倪。這也是本書第二章〈被修理的台灣〉所要闡述的重點。

要了解「殖民現代性」的成因，二次大戰前後，還有兩個值得探討的區域，一是日本在中國東北扶植成立的「滿洲國」，一是日本對中國發動戰爭後，在淪陷區成立的汪精衛政府。不管其目的為何，日本人在這兩個地區都曾經致力於「現代化建設」，這兩個地區人民的生活確實也有所改善。先拿前者來說，一九三〇年代，滿洲國成立後，在東北積極從事建設，吸引了許多台灣的知識菁英前往工作。在作為「殖民地」的台灣，台灣人始終是被當做「次等公民」對待：台灣人學校畢業後，進入公務機構工作，職位最高只能升到「郡守」（課長）；滿洲國成立後，立即有台灣人出任「外交總長」（謝介石）。不僅如此，在台灣進入職場做同樣的工作，日本人的薪給硬是比台灣人多六成！

基於這樣或那樣的種種原因，在那個時代，台灣的知識菁英竟然掀起一股「來去滿洲」的熱潮，道二次大戰結束時，有五千個台灣人到滿洲去找工作，其中竟然有一千個是醫生！許多東北人以為台灣是「醫師島」，其實是因為作為殖民地的台灣，年青人要想進入高等院校，只有「醫科」和「農科」可作選擇，法政科系是「統治階級」專用的知識，殖民地人民休想問津。

滿洲和台灣比較，儘管有這樣的反差，但這並沒有辦法改變當時的滿洲是日本附庸國或次殖民地的事實。本書第七章〈末代皇帝的墨鏡與認同危機〉說明溥儀是在什麼樣的主客觀條件下，半推半就地接受日本人的脅迫，出任滿洲國的「執政」。然而，溥儀畢竟無法改變他作為「傀儡皇帝」的態勢。本書第八章〈末代皇帝的台灣御醫〉說明了這位傀儡皇帝的生命處境與歷史命運。

除了滿洲國之外，抗戰期間在中國領土上成立的傀儡政權，還有南京的汪精衛政府。本書第九章〈南京大屠殺之後〉，藉由一位國民黨特工的視角，說明當時「淪陷區」的經濟建設以及人民的生活水平其實都比「大後方」來得高。抗戰勝利，在短暫的歡欣過後，來自「大後方」接受大員目空一切的氣焰，已經使「淪陷區」的人民產生反感，宋子文不理周佛海的建議，硬是將「國幣」和淪陷區「儲備券」的兌換比率訂為1比200，已經注定國民黨在大陸潰敗的命運。這種錯誤的決策，就很難用「殖民現代性」來加以解釋了。這一點，從楊鵬的生命敘事中，可以看得最為清楚。

第一部

清·日據

第一章　被出賣的台灣

日本之覬覦台灣，為期甚早。本書第一部提到：推動日本明治維新的關鍵人物吉田松陰首度入獄時，在武士監獄中寫下《幽囚錄》，為後來日本軍國主義擴張路線擘劃藍圖，便已經將「北割滿洲之地，南收台灣、呂宋諸島」列為國家目標；當時為日本「運籌帷幄」，促其達成此一國家目標者，則為美國。

第一節　往東亞擴張勢力

美國自一七七六年獨立戰爭成功之後，便師法英國，發展殖民帝國主義。一方面往西擴展領土，一方面到世界各地尋求貿易機會，擴大其勢力範圍。一八五三年，東印度艦隊司令培里（Mathew Perry）率領的「密西西比號」等三艘軍艦繞過好望角東來，七月八日出現在日本伊豆半島口的下田港，被日本人稱為「黑船」。隔年即強迫當時執政的幕府開港，放棄鎖國政策。

美國看中台灣

隨後，他在前往香港途中，占領小笠原群島，並和琉球國王締結條約，取得建立加煤站的權利。他路經台灣的時候，發現台灣非常適合作為美國向東方發展的根據地。台灣島上豐富的煤礦，可以供應商物輪船與海軍船艦往來補給燃煤。由於中國海上海盜出沒頻繁，培里更建議在台灣建立美國的海軍基地。

十九世紀初期，台灣的茶葉貿易逐漸興起，當時台灣茶的主要消費市場是美國，但在台灣從事茶葉貿易的五家洋行，都是英國籍。他們將茶葉由淡水運到廈門，再以英國籍船隻運往美國。

美國獨立之後，美國貿易商開始加入遠東的商業競爭。一八六七年三月九日，美國有一艘商船「羅發號」（Rover）自廣東開往東北遼寧途中，遭遇颶風，漂到台灣南端海面，在蘭嶼附近沉沒，船長及船員等十四人在瑯嶠（今屏東恆春）登陸，卻被原住民射殺，只有一名廣東汕頭籍廚師脫逃後輾轉到打狗報案。

廈門領事李仙得

在鴉片戰爭後，美國援《南京條約》之例，與清廷訂立《天津條約》，開放五口通商。當時美國駐廈門領事，是南北戰爭中曾建立軍功的李仙得（C. W. Le Gendre）。他獲知此事，立刻向北京美國使館及美國政府請示對策；同時趕到福州，與閩浙總督交涉，要求按照中美《天津條約》，嚴令台灣地方官員救出遇害人員，並嚴懲原住民。但閩浙總督卻拒絕了他的要求。

於是李仙得搭乘美國炮艦從福州出發，四月十八日抵達台灣。隔日要求台灣總兵劉明燈和台灣道吳大廷，派官兵搜捕兇番，嚴加懲辦，以救回羅發號倖

美國商船「羅發號」

存人員。

不料劉明燈等人竟然告訴他：原住民是「瑯嶠生番」，其居住地不歸中國官府管轄。李仙得因而對台灣原住民土地的所屬及管轄產生質疑，他還沒有得到美國政府的指示，就率隊南下打狗、瑯嶠等處查探，發現台灣地方官府沒有設法營救遇難人員，也沒有派官兵對付原住民。他打算直接與原住民交涉，贖回倖存船員及遇害者遺體，卻沒人敢上岸傳遞消息。李仙得只好返回廈門，一路觀察當地的地形，作為將來發動戰爭的準備。

李仙得

陸戰隊登陸戰失利

一八六七年，美國亞洲太平洋艦隊派遣陸戰隊，乘坐軍艦哈特福號及懷俄明號，開往墾丁。六月十三日早上，一八一名陸戰隊員在墾丁附近登陸，卻遭到原住民的伏擊。經過四個小時的追擊，帶兵官麥肯吉少校陣亡，四人受傷，十四人中暑，陸戰隊只好退回船上，開往上海。

登陸戰失利後，美國艦隊不願再對原住民用武，李仙得只好另外設法。另一方面，羅發號事件後，原住民地區發生不少天災橫禍，十八番社頭目們認為是上天懲罰他們。美軍登陸征戰時砲火猛烈，多位原住民傷亡，也使其總頭目卓杞篤等人深懷戒心。一八六八年五月，李仙得派人贈送卓杞篤原住民最缺乏的衣物用品，以及他們最喜歡的槍砲武器，同時設法讓原住民相信美國人誠實，具榮譽感和人情味，與

美國海軍陸戰隊員和水手侵襲台灣遭伏擊

中國人不同，加深原住民對中國人的反感。

一八六九年二月二十八日，李仙得與卓杞篤會晤，雙方表示願意維持友好關係，並申明將來失事船隻人員登陸逃難，原住民必須救護；各船船主如要上岸汲取淡水，應先舉起紅旗，等有同樣信號回應，再行上岸；上岸者不准窺探原住民村莊及獵場，否則遇有傷害事故，與原住民無關。

李仙得將這些協議事項詳列成備忘錄，交由卓杞篤收執，並留下底稿，公告讓歐美船隻知道。此後，歐美船隻在台灣南端觸礁失事，船員登岸逃難，通常都會要求李仙得得出面處理，他也定期跟卓杞篤見面，以重申舊約。雙方會面時，李仙得總會帶來大批禮物，甚至還有醫官同行，為原住民治病，雙方建立了良好的關係。

第二節　牡丹社事件的規劃師

號稱「中國通」及「台灣通」的李仙得在處理羅發號事件的過程中，發現台灣島上有兩個政權，一是代表漢人的清朝廷，另一是代表原住民的頭目。

清朝統治台灣以來，採取分疆劃界的策略，對於原住民活動地區設「土牛」，以封山禁絕的方式，將原住民居住地視為「化外之地」，是清廷統治權所不能及的地方。國際船難事件發生時，受難者找管轄國理論，清廷總是以「化外之地、化外之民」為由，推諉責任。

砲艦與攏絡

李仙得因此提出「番地無主論」（nonterritory），認為當時清廷在台灣設立的官方機構最南只管轄到枋寮。枋寮以南，甚至東岸宜蘭以南的後山，都是「無主地」，原住民的活動空間不隸屬於任何政權。他還出版了《台灣番地所屬論》，質疑清廷對台灣的主權。

他主張：對船難漂流者懲兇的原住民，清廷既然不願處理，最好由日本來承擔。因為台灣位於宮古島附近，地理位置相當靠近日本。如果日本佔領台灣，對其他強權不會造成威脅；若是日本不願意，假以時日，英、美強權也會佔領台灣。

在跟原住民打交道的過程中，李仙得仔細考察各地的人情、物產和礦藏，做成紀錄。他甚至會在平埔族村莊中投宿，並贈送他們珠寶禮物，跟他們建立友誼。讓他最得意的是，清廷在台官員無法控制的原住民，竟然接受他的安撫。

李仙得跟各方面交涉的心得是：跟清朝官吏談判，必須有強大的武力做後盾，才能獲得滿意的結果。原住民雖然有「出草」的習俗，反倒可以和平交往的方式，跟他們建立友好關係。但十八番社之間並沒有隸屬關係，跟一社訂立協議，救護失事船員，並無法約束其他社的行動。而且在枋寮以南，清廷並沒有委派救難人員。原住民碰到遇難人員，無法送到遠方，乾脆「殺掉了事」。

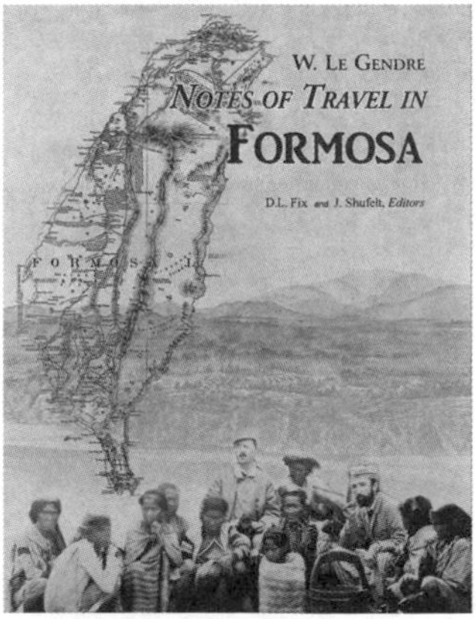

李仙得的《台灣記事》

美國公使肯定李仙得的做法，曾經在寫給國務院的信函中讚揚他。但是新任美國公使鏤斐迪（Frederick Ferdinand Low）並不認同對李仙得「砲艦外交」及「攏絡原民」的雙軌做法，李氏憤而辭職，離開廈門。返美途中，經過日本橫濱，正好遇上琉球難民被害事件。

外務省外籍顧問

一八七四年，兩艘石恆島與宮古島船對琉球國年度進貢之後，返航途中，遭遇暴風雨，漂流到恆春南端，倖存上岸的六十六個琉球民，有五十四人被排灣族的高士佛社原住民殺害，生還的十二人被保力莊主楊友旺營救，獲送由鳳山縣衙，轉送到福州琉球會館。

當時日本外務卿副島種臣知道美國海軍曾經與台灣原住民作戰，向美國駐日公使德隆（C. E. DeLong）商借台灣地圖，想了解台灣南部沿海地區的地形地勢，德隆將李仙得介紹給副島，擔任日本外務省外籍顧問，兩人都力勸日本藉機攻占台灣。

日本外務卿副島種臣

李仙得與副島種臣經過幾次沙盤推演，完成了一份《李仙得備忘錄》，其中強調：「善用琉球人遇難事件，並趁清朝內政混亂……是將台灣、澎湖一舉據為己有的重要時機。」後來日本決定是否對台灣出兵，始終遵循這份備忘錄的指示，它變成明治政府對華政策指導原則。

日本政府隨即添購社寮丸、高砂丸兩艘船，晉升西鄉從道為中將，任命他為台灣番地事務局都督，率領三千餘名官兵，攻打台灣南部原住民部落。西鄉從道的哥哥西鄉隆盛是反對明治政府剝奪武士階級俸祿，而發動「西南戰爭」的主要人物，派他的弟弟「征台」，也可以藉此安撫反抗明治政府勢力最強的薩摩藩士族。

西鄉從道

「石門戰役」

征台軍隊在一八七四年五月二日出發，五天後，日軍登陸瑯嶠灣。他們派一位海軍少將帶著幾名士兵與翻譯，到網砂（今屏東縣恆春鎮），和小麻里社酋長依薩進行溝通。依薩允許日本軍的小船在海岸邊進行觀測，不過堅持不讓日本人上岸。

十八日，日軍溯四重溪上行，在尋找布營的高地時，受到原住民突襲，算是牡丹社事件第一場的「石門戰役」。二十一、二十二兩天雙方又發生衝突，日方砍了十二個原住民的頭，其中包括牡丹社頭目阿祿父子；日方也折損了十四人。

六月二日，日本遠征軍共分三路，從風港（今楓港）、石門、竹社口三處，對牡丹社進行攻擊；三路軍團在牡丹社會合，再一起回瑯嶠本營。在作戰過程中，日軍一直遭到原住民的零星襲擊，但都不見原住民蹤影。因為天氣炎熱，山路險阻，補給糧食運送不易，日本軍團多人罹病，並經常陷入挨餓的困境。

三路進攻作戰計畫結束，七月一日，周勞東酋長率領牡丹社、高士佛社、爾乃社、小麻里社、蚊蟀社、傀仔角社等六社酋長及原住民共七十餘人，前往保力庄楊天保家中，與日方人員見面議和。

日方代表要求說明先前殺害琉球難民，及日本軍在四重溪遭擊的理

石門戰役後，日本指揮官和排灣族領袖合影

由。牡丹社的頭目表示：他們誤以為漂來的琉球人是仇敵清朝人；在四重溪時，又受到前任頭目阿祿父子的誤導，以為日本軍要剿滅全部番社。他保證：在他的領導下，以後不會再發生類似事件。原住民的答辯相當清晰，雙方因此達成和解。

整體而言，在牡丹社事件中，日本人攻台的兩個月內，日本名義上是要懲戒逞凶的原住民，實際上很少發生正面衝突的戰鬥場面，大部分時間都在和原住民進行口頭議和。

中國的命運

日本軍分三路進擊牡丹社，及至情勢平穩，清廷派遣的特使沈葆楨才率領船艦，前往瑯嶠，跟西鄉從道會面。令日軍感到意外的是，沈葆楨不但沒有抗議，見面的第一句話，竟然是為「無法共同參與掃蕩逞凶原住民」而表示遺憾！

九月中旬，日本為牡丹社事件，派內務卿大久保利通為全權大臣，前往北京談判。雙方爭議的焦點在於清廷認為原住民地屬於大清朝，但日方則認為是「無主蠻地」，根據國際法，清朝的行政權不及於原住民地。大久保利通表示不惜一戰，斷然拒絕從台灣撤軍。雙方歷經七次會談，仍然無法達成共識。

這時候，英國駐清公使威妥瑪（Thomas F. Wade）出面斡旋。十月三十一日，雙方簽訂《北京專約》，條約重點是：清廷提出五十萬兩為賠償金，承認日本出兵台灣是「保民義舉」；今後清廷應設法保護航海人員的安全，並保證原住民為害事件不會再發生。日本則同意在十二月二十日以前撤兵。

當時英國駐日公使巴夏禮（Harry Parkes）聽到這個結果，非常訝異，他在寄給朋友的信中寫道：「想不到清廷被侵略，竟然還得付賠償金！」一位旅居中國的英國人指出：「這種處理方式等於向全世界宣告：這裡有個富饒的帝國將隨時支付賠款，而不願進行戰爭，中國命運確實是結束了。」

劉銘傳經營台灣

牡丹社事件發生後，清廷意識到台灣的重要性，派沈葆楨為台灣海防欽差大臣來台，推動相當多改革措施。十年後，發生中、法戰爭，又派劉銘傳擔任台灣巡撫；隔年台灣建省，劉銘傳更致力經營台灣。

劉銘傳在台灣進行了六年的近代化建設，使台灣蔗糖、樟腦、茶葉的產量逐年快速增加，成為出口大宗，在國際市場佔有一定地位。比起牡丹社事件發生當年，台灣經濟規模有了大幅度的增進。

在這段期間，日本為了擴大貿易，先後在廈門、上海、福州設置領事館，負責蒐集海外通商情報，當然也包括台灣地區的情報。這些情報不僅有助於日本的對外貿易，而且也影響了日本的對外政策。甲午戰爭期間，日本內部評估要佔領中國那些土地時，陸軍第三師團長桂太郎就主張要取得台灣，他認為：台灣是日本向南洋擴張政治與商業勢力最重要的根據地。

沈葆楨

亞洲國家的「模範」

牡丹社事件發生四年後，李仙得同時在紐約及橫濱出版《進步的日本》，他在自序中承認寫書的動機，一部分是為了美國的利益。因為日本明治維新以後，全盤接受歐美文化，是亞洲國家的「模範」；在地理上，日本又是較鄰近美國的東方國家，兩國應建立密切的關係，共存共榮，互惠互利。

什麼叫做亞洲國家的「模範」呢？在日本明治維新初期，日本知識界的主流思想是「和魂洋才」。等到日本開始發展軍國主義，主張「脫亞入歐」的福澤諭吉一躍而成為「日本近代化之父」，他主張日本應當全盤學習西方，包括歐洲的殖民帝國主義。在甲午戰爭開打之前，他便在日本媒體上發表言論，為這場戰爭「定性」並「定位」：

「這次戰爭雖說是日清兩國之爭，但實際上卻是一場文明與野蠻，光明與黑暗之間的戰鬥，其勝敗如何，關係到文明日新的前途。」

福澤諭吉《時事新報》，一八九四

在他看來，已經「近代化」的日本，無疑是代表「文明」與「光明」的一方，而當時的中國，則是代表了「野蠻」與「落後」。「落後就該挨打」，作為老牌殖民帝國主義的美國，當然十分欣賞這位「後起之秀」，認為日本是亞洲現代化的「模範生」。

日本併吞琉球

以這種殖民帝國主義的思想作為基礎，李仙得在書中認為日本要強大，必須攻取朝鮮、征服台灣。他認為：中國政府無力統治台灣，不如由日本保護台灣，或併入日本的疆域，極力為日本的侵略政策辯護。

美國對日本的支持，肇因於獨立戰爭後，它對亞洲的「擴張政策」。牡丹社事件前一年，日本想解決琉球的歸屬問題，德隆即說服美國，承認琉球是日本的一部分。副島種臣也表示願意繼承《美琉條約》，讓美國可在琉球島上建立加煤站。既然獲得了美國承認，副島種臣因為牡丹社事件與清廷談判琉球歸屬問題時，又迫使清廷承認遭難的琉球民是日本人。一八七九年四月四日，日本終於派兵併吞琉球，順理成章地把琉球轉化成為「沖繩縣」。

福澤諭吉

第三節　甲午戰爭的影舞者

在牡丹社事件後的第二年，日本藉口軍艦「路過」朝鮮江華島時，被朝鮮士兵砲擊，而爆發連續三天的武裝衝突。「江華島事件」後，日本強迫朝鮮簽訂《江華條約》，允許日本在釜山通商，派駐使臣；日本並承認朝鮮為獨立國家，以分化清朝廷與朝鮮的朝貢關係。此後，日本對朝鮮的政治及經濟影響力不斷增長，朝鮮的統治階層也開始出現親日的「開化黨」。

為戰爭加柴添火

一八八四年底，中法戰爭爆發，日本駐朝鮮公使趁機策動開化黨人今玉均引日軍攻入王宮，挾持國王，並組織親日政權。事變後，清廷應朝鮮請求，派袁世凱率兵擊敗日軍和開化黨，救回朝鮮國王。當時日本的力量還不能與清軍抗衡，因此派伊藤博文為全權大使，跟清廷代表李鴻章談判，簽訂《天津條約》，約定雙方同時從朝鮮撤兵，將來朝鮮國若有發生重大變亂，清、日要派兵先行文知照。

九年後的二月，朝鮮又發生東學黨之亂。六月一日，朝鮮向清廷求救，清廷決定出兵，內閣總理李鴻章依約知會日本，日本也派兵到朝鮮，但亂事平定後，日本卻不撤兵。七月九日，美國受朝鮮之託，請協助勸清、日兩方撤兵，當日本拒絕時，美國僅在形式上表示遺憾，實際上美國軍火商卻大賣武器彈藥給日本，為其軍事行動加柴添火。七月二十五日，中日甲午戰爭終於正式爆發。

掠奪台灣的策略

戰爭爆發之前，李鴻章曾寄望各國出面干涉，各國卻多抱持「隔岸觀火」的態度。戰爭剛開始，日本對海戰並非穩操勝算，台灣、澎湖也不是日軍的目標，但清軍節節敗退，大出乎各國的意料之外。

當時英國為了保護遠東市場及避免讓俄國單獨調停，分別徵詢美、俄、德、法等國公使，試圖以「清朝廷對日賠款」及「國際共同保證朝鮮獨立」兩個條件，聯合調停。但各國除了不支持英國的調停外，日本也因為連戰皆捷，拒絕接受調停。

十月下旬，日軍登陸遼東半島，嚴重威脅北京。清廷大為緊張，不得不以「承認朝鮮獨立」和「賠償軍費」兩條件，請求各國調停。但先前曾出面調停的英國態度已傾向日本；德國認為議和無濟於事；俄國也沒有任何舉動；只有美國表示願意出面，勸日本停戰。

原先日本對海戰並沒有把握，平壤之役和黃海海戰獲勝後，日本對戰局轉為樂觀，不想輕易接受調停。十二月四日，伊藤博文向直屬於天皇的陸海軍大本營提出：日本朝野都希望以「割取台灣、澎湖」為條約要件，但如無實際佔領台灣的行動，要求割讓似乎名不正、言不順，於是提出「直衝威海衛並掠奪台灣」的緊急戰略，建議日本海軍在殲滅威海衛北洋艦隊後，即南下攻占台灣、澎湖，取得和清朝廷議和的籌碼。

要求割讓台灣

軍系人士主張攻取遼東半島，從背後控制朝鮮，同時扼住北京的咽喉。唯一反對者，是後來擔任第二任台灣總督的陸軍第三師團長桂太郎。他認為遼東半島歲收太少，佔取之後花費太多，而台灣將會是日本向南洋擴張政治與商業勢力的根據地。

在明治天皇召開的御前會議上，在牡丹社事件領軍進攻台灣的海軍大臣西鄉從道，海軍軍令部長樺山資紀，都一定參與討論，並且支持「台灣割讓」的議題。原先「割讓台灣」只是擬定方案中的選擇條件；後來要求清廷割讓領土跟賠款，變成了必要條件，而且明確表示：要求將台灣全島和澎湖群島永遠讓與日本。伊藤博文與陸奧宗光攜帶條約草案前往東京大本營，並出席御前會議審議後，「割讓台灣」也成為定案。

第四節　請鬼拿藥單

戰局發展對清廷愈來愈不利，清廷決定依照日本的要求，派總理衙門大臣戶部左侍郎張蔭桓和兵部右侍郎署湖南巡撫邵友濂為全權代表，赴日本談判。張蔭桓建議：聘曾任清朝駐美使館法律顧問的福士達（John W. Foster）擔任使團顧問。

福士達（John W. Foster）

美日互通聲氣

在代表團出使之前，美國駐華公使田貝（Charles Denby）直言，邵友濂在台灣巡撫任內曾懸賞日本人首級，恐怕日方難以接受。但清廷並沒有重視他的意見。

代表團一行人於一月底抵達廣島，但日方接待非常無禮，不僅不准使用電報，而且以張蔭桓、邵友濂的「全權委任狀不完善」為藉口，片面中斷交涉，要求他們立即離開廣島。由此可見田貝與日本人之間，事前已有溝通。

福士達隨張蔭桓等人轉回上海，獲得兩萬五千美元的顧問費。當時伊藤博文曾向清朝代表團的隨員伍廷芳表示，日方認為適當的代表人選是恭親王奕訢或李鴻章，因為他們倆人都傾向和議，地位和聲望也足以擔當割地賠款的重任。

隨著威海衛、劉公島相繼陷落，二月十三日，清廷改命北洋大臣李鴻章為全權大臣，前往日本商定和約。出發前，李鴻章知道，慈禧太后堅持不可割地。當他拜會各國公使，商請各國出面制止日本割取清朝領土的野心，田貝反倒力勸各國公使，不要過問此事。

「以散地易要地」

當李鴻章與田貝談到全權大臣應否同意割地時，田貝明白表示：「日本已宣布要可以答應割地與賠款的全權大臣，其他人都不會受到日本接待。假如清朝堅持不割地，不必多此一行。」

他更直截了當地告訴李鴻章：「不必再向歐洲各國求助，只要專心向日本求情，盡力避免割讓大陸土地，至於大陸以外的島嶼，應是無可避免。」

三月二日，李鴻章以「割地」為交戰時常有之事，只有暫時委屈的理由，向清廷請示。朝廷大臣害怕日本侵入北京，紛紛上奏慈禧太后：「以當前情勢來看，只能顧及北京，至於邊遠的土地就不用考慮太多。」此時，清廷對於在不得已的情況下割棄「邊地」算是有了共識。

三月四日，清廷授予李鴻章決定和約條款、署名畫押之全權，當天下午，他與田貝長談，田貝建議，割地的原則是「以

田貝

散地易要地」，也就是，割讓台灣各島，盡力保全全中國大陸。李鴻章對於田貝的建議，只有點頭稱是，並以三萬美元再聘請福士達為顧問。隔天田貝即向美國國務院報告密談的內容。

李鴻章遇刺

三月七日，日本陸軍從廣島出發，進攻台灣；十五日，日本艦隊駛離九州，向台灣進軍。十九日，李鴻章與兒子李經方，以及隨員伍庭芳、福士達等人抵達馬關。日本全權代表仍然是伊藤博文和陸奧宗光，雙方在春帆樓共舉行五次會議。

二十四日進行第三次會議時，伊藤表示日軍正準備進攻台灣，明白表示日本掠取台灣的野心。會議結束，李鴻章由春帆樓返回行館途中，遭日本人小山豐太郎開槍擊中左臉，血染官服，當場昏倒。殺手趁亂躲入路旁店鋪內，潛逃無蹤。隨行醫師馬上替李鴻章急救，所幸沒有擊中要害。

隔日，日軍攻陷澎湖島，情勢更加危急。二十八日，伊藤博文擔心唯恐李鴻章就此回國，導致清、日和談凍結，國際輿論指責，於是告知李鴻章日方願意停戰，立即進行談判。

三十日，雙方簽訂停戰協議，即日起停戰二十一天。但停戰範圍限於奉天、直隸、山東，並不包括台、澎。因為李鴻章受傷，清廷又「加派」李經方為全權代表，參與談判。

內無可戰之兵，外無列強之助

四月一日，日方提出合約草案，正式向李鴻章揭開底牌：開列朝鮮自主、清朝割讓奉天南邊各地（即遼東半島），及台灣、澎湖各島、並賠償兵費銀三萬萬兩；重訂通商章程等，限四日內答覆。

李鴻章立刻打電報回總理衙門請示。他在電文中提到，應盡力爭取者只有奉天南邊各地，台灣、澎湖並非「朝廷萬不能讓」之

春帆樓

地。同時他又聽從福士達的建議，請總理衙門將割地、賠款等項密告英、俄、法三國公使，但對通商要求則極力保密，以免各國認為有利可圖，而紛紛提出要求。

由於李鴻章與總理衙門往返的電報密碼被日本電信課破譯，陸奧宗光早已獲知：台灣、澎湖已非「清朝廷萬不能讓」之地，而且李鴻章建請英、法、俄三國干涉奉天割讓一事，使李鴻章在後來的談判中完全屈居劣勢。

等李鴻章創傷痊癒，四月十日舉行第四次會議時，伊藤博文威脅：「等停戰期屆滿（四月二十日）就將出兵中國。」李鴻章只好請示北京可否簽署？朝廷請李鴻章「爭取看可否割一半台灣？」即將澎湖、台南之地給日本，清廷保留台北。李鴻章回說日本不可能答應。最後朝廷回覆：日本已準備談判破裂後，隨將派兵進攻直隸，「朝廷內無可戰之兵，外無列強之助」，只好允許割讓台灣。

壓倒駱駝的稻草

十五日第五次會議，日方堅持原來的要求，李鴻章辯駁、請求無效，福士達警告李鴻章：如果戰爭繼續下去，清朝勢必極端危險。李鴻章再度電告北京，清廷為免和議決裂，終於在十七日依日方條件，簽訂《馬關條約》，割讓遼東半島、台灣全島、澎湖列島給日本，賠償軍費銀二萬萬兩，並限兩個月內交接清楚。割讓地的人民日本准許在兩年內遷出界外；兩年後沒有遷徙，就視為日本臣民。

電訊傳到北京，田貝得知割讓領土面積廣大，雖然感到驚訝，他仍然說日本擷取台灣、澎湖列島是意料中事。

李鴻章回到天津後，鑑於舉國一致反對合約，不敢進入北京覆命，一面藉詞傷病未癒，一面拜託福士達代為前往北京，向軍機處申述《馬關條約》簽訂經過，並建議早日批准施行。

四月底，福士達在總理衙門與軍機大臣會議時，指出《馬關條約》簽字前，條約內容已電告北京，皇帝根據軍機處意見，才授權簽字，假如拒絕批准條約，在文明世界面前勢必失去體面，皇帝的不體面應屬軍機大臣的責任。

李鴻章也電陳如不批准條約，清、日勢必再度決裂。清廷權衡局勢利害，兩天後終於批准《馬關條約》，並派伍庭芳等前往煙台，與日方代表換約。

為日本的利益工作？

福士達完成說服的任務後，本來打算返回國，但俄、法、德三國卻出面干涉，要求日本將遼東半島還給中國。李鴻章請福士達暫留一、兩個月，為三國干涉歸還遼東半島事宜，提供建議。清廷以舉國反對割台，台灣官民不肯交割，一再電令李鴻章另外籌商辦法。李鴻章與福士達商量，福士達表示既然已互換合約，除了要求日本歸還遼東半島之外，其餘各項都應照辦。而且條約已經皇帝批准，怎可任由官民作梗阻止，而失去國體？

《馬關條約》簽訂後，依約雙方必須在七月八日前舉行領土交接儀式。當時清廷大多數官兵都認為李鴻章是割讓台灣的罪魁禍首，而決定推派曾隨父參加締結《馬關條約》的李經方擔任屈辱代表。

李鴻章認為：這項任命太使他們父子為難，於是委請福士達隨李經方前往台灣，待遇又是三萬美元。

五月三十日，福士達與李經方從上海啟程赴淡水。福士達知道李經方不願登陸台灣，建

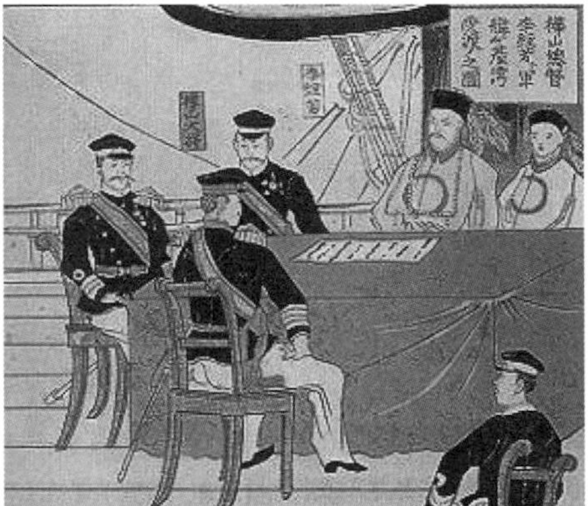

李經方在移交書上簽字芳

議他不必上岸勘查點交土地，只要按照西方國家讓渡產權慣例，簽訂交割文書，交付日方代表，就算完成手續。

六月二日，在基隆港外三貂灣，李經方與樺山資紀在船上會晤。依照福士達的規劃，李經方在移交文書上簽字，完成交割台、澎手續後，立即開船回航。福士達任務完成後，則取道日本，返回美國，接受日本朝野的致謝宴會。他在自己的外交回憶錄中並不諱言，他是為日本的利益而工作，從《馬關條約》簽訂到條約履行，尤其是對於割讓台灣一事，都是如此。日本人也完全明白這一點。然而，從甲午戰爭的過程來看，他難道沒有為他自己的利益在工作嗎？他難道不是為美國的利益工作嗎？

「盡己之謂忠」

在《論語》裡，孔子跟弟子之間有一段著名的對話：

子曰：「參乎，吾道一以貫之。」

曾子曰：「唯。」子出，門入問曰：「何謂也？」

曾子曰：夫子之道，忠恕而已矣。」《論語‧里仁》

有一次，孔子主動向曾子強調說：「吾道一以貫之。」曾子說：「是。」孔子離開後，其他的弟子問曾子：老師所說的「一貫之道」究竟是什麼？曾子的回答是：夫子之道，就是「忠」跟「恕」兩個字罷了！

這是理解孔子思想非常重要的一段對話。更清楚地說：在孔子平日對弟子所講述的「仁道」中，只有「忠」跟「恕」兩個字是可以「一以貫之」，對待任何人都適用的普遍性倫理原則。朱熹對這兩個字的解釋是：「盡己之謂忠，推己及人之謂恕」。福士達拿了清政府的錢，卻為日本的利益在工作，他有對清政府「盡己」嗎？這不叫「出賣」，什麼才叫做「出賣」？

第二章　被遺棄的台灣

第一節　割台灣的佈局

甲午戰爭爆發後，清廷知道日本對台灣圖謀已久，命令福建水師提督楊岐珍和曾領導黑旗軍的南澳總兵劉永福，率兵到台灣協助防務。

當時台灣巡撫邵友濂為加強防務，一面增募兵力，一面調派台灣霧峰仕紳林朝棟守獅球嶺砲台，板橋仕紳林維源專辦台灣團練防衛事務。林維源則委託丘逢甲辦理地方義勇軍有關事宜。

丘逢甲原名秉淵，父邱龍章是咸豐年間（一八五〇——一八六一）秀才。次子逢甲於清同治三年（一八六四）出生在苗栗銅鑼竹森村，時正逢甲子年，便取名逢甲。光緒十五年（一八八九），丘逢甲二十六歲，到北京參加會試，中了第八十一名進士，接著參加由皇帝主持的殿試，賜同進士出身，欽點工部虞衡司主事，卻不任官，「乃援例以親老告歸」。

丘逢甲

丘逢甲統領全台義勇

光緒二十年（一八九四），中日甲午戰爭爆發後，丘逢甲上書台灣巡撫邵友濂，願以「守土拒倭」、「台人守衛台土」號召鄉里，捐資招募，率市民共同守禦。是年九月，丘逢甲奉旨督辦團練。由於中部已有林朝棟率領的棟軍，遂在苗栗、台灣、彰化、雲林四縣挑集一萬四千人，編為義勇二十六營，「編伍在鄉，不支公孥，有事擇調，再給糧械。」於是，在苗栗一帶，「募勇數營，就地取糧。富家多助餉」。

當時「一門子弟能干戈者，盡令從戎；兄弟子侄成年者，均命入營」。所以，「將領多門下諸生，兵士皆鄉閭子弟」。除了丘逢甲的胞兄弟丘先甲、丘樹甲外，表兄謝道隆（字頌臣，曾中舉）以及他的學生出身苗栗的吳湯興、丘國霖和吳鎮洸，出身「新竹北埔」的姜紹祖等人，都加入抗日義軍。丘逢甲對他們「曉以大義，動以利害，勤加訓練。成軍不久，卓著成績。」

十一月，丘逢甲以「統領全台義勇」名義，率義軍防守彰化、新竹間。當時台灣義軍的組編，係用誠、壯、靖、良、仁、禮、智、信等十六個字來作符號，每個字統轄五營，設一統領。一營編制計約五百人，最少為三百六十人，設一管帶，營單位又依據戰鬥力分為前、中、後、左、右營，合五營編為一個作戰單位；有時則將前、中、後、左、右各營，加編為正、副兩營，合十營為一個作戰單位。

林朝棟抗法有功

邵友濂挑派林朝棟率領四營「棟」字士勇駐守基隆獅球嶺砲台。林朝棟是台灣第一豪族台中霧峰林家的第六代，父親林文察曾率領鄉團，赴關南與小刀會、太平天國作戰，因公被擢為福建陸路提督，但三十六歲時，即在萬松關戰死，死後追贈太子少保，賞其督尉世職。

林朝棟為林文察長子，幼時受父親影響，好讀《孫子兵法》，後因練武，傷及一眼，而號稱「目仔少爺」。林朝棟急公好義，當時大甲溪洪水氾濫，他自募壯丁百名協助修築河堤，且用什五之法統御工人，受到來台巡視的福建巡撫岑毓英賞識，而推薦給劉銘傳。

中法戰爭爆發，法軍在越南失利，於是惱羞成怒轉攻台灣。劉銘傳奉旨督導台灣事務。法軍由孤拔帶領，攻打基隆。劉銘傳擔心團放軍備糧餉的台灣府城兵力薄弱，若有閃失，前軍將不戰而潰，因此決定戰略性的自基隆撤退，全力固守滬尾。

當時林朝棟帶領「禮」字營五百名士勇駐防基隆。一八八四年，十一月二十二日，法軍千人分由四路登陸基隆，雙方發生激戰，禮守營以逸待勞，多次擊退法軍的進攻，敵方死傷狼藉。台灣保衛戰歷時一年，戰後劉銘傳上奏請賞，林朝棟首次因軍功獲獎，事後又隨劉帥「撫番」平亂，聲名顯赫。

劉銘傳肖像

唐景崧私心自用

甲午戰爭爆發後，邵友濂擔心戰事波及台灣，設法請調湖南巡撫，由原布政使唐景崧出任台灣巡撫。唐景崧一心想主導台灣事務，卻從不和楊岐珍、劉永福商量大計。

劉永福是抗法名將，在中法戰爭中，曾經率領黑旗軍大敗法軍。雖然丘逢甲和當時的南洋大臣張之洞都勸唐景崧，必須有劉永福協助，才能守住台北。劉永福本人也特別到台北，拜訪唐景崧，希望接手處理軍務。但唐景崧不為所動，反而更堅持要劉永福留守台南，希望與劉永福劃地分防。

他也刻意壓制林朝棟和林維源，林朝棟原本駐守基隆後路的戰略要地獅球嶺，但他卻為當時駐守基隆海口的提督張兆連所猜忌，張向巡撫景崧進讒言，唐景崧把林朝

唐景崧

棟轉調到中部，防守彰化。林維源負責的團練事務改由唐的門生丘逢甲接辦，並改稱為「義軍」。

丘逢甲是具有領導實力的本土客家仕紳，唐景崧擔心難以掌控他，丘逢甲的要求多不配合。丘逢甲要武器，運來的是生鏽無法使用的四尊舊砲；丘逢甲想推薦並付薪水給支援義軍的人，唐景崧都不同意，引起丘逢甲抱怨。

三月二十三日，日軍登陸澎湖。三天後，占領全島。消息傳來，人心浮動。丘逢甲寫信給唐景崧：「此次將出，家父訓以弟兄協心軍事，上答軍師，下保鄉井。警報日迫，有能效力之處，均不敢辭也。」「義軍之出可惜太遲，其間不無人才，皆未練習。勇丁善槍者雖多，將來只能使之人各自為戰，未能云節制之師。此時唯有以寬御眾，結以恩義而已。」

無餉、無械、無關防

丘逢甲的說法，暴露出義軍的最大弱點。不僅如此，丘逢甲在給唐景崧信稿中提到：「現所最焦急者，舊有之營，所應需各件均未能齊、新添三營，並槍未領。」「家兄關防來到，猶可率軍而行，如槍械未來，勢難徒手而戰。何日槍械到，家兄即何日行，逢甲即何日往紮南崁之元帥廟。分軍在百里而遙，無論手足，即部下如不能照料周全，使之無餉無械無關防惘然而往，公義私恩，兩均未盡。但消息甚急，萬不容遲，思之不能成寐也。」

四月十五日唐景崧致電總署「現澎湖無甚動靜，運路猶可暢行。增集台勇七、八千人，次第成軍；粵勇亦陸續可到，聲勢比前壯。台民惟恐倭力索台，願投效殺賊者遠近遞稟，日有千數百人；惜不能盡收。……寇在門闥而人心固結如此，臣若不密謀復澎、竭力保台，不獨上負聖恩，且無顏對全台百姓。惟增銀購械、懸賞等事必放手為之，方能有濟。戶部前後撥款，恐難持久，尚須設法經營。」唐景崧不能「盡收願投效殺賊者」，反倒命令他的親信撫標中軍黃義德（親衛隊隊長），赴大陸新招四營約兩千人的粵勇（廣東兵）來台。

本書第一部引述雷海宗在《中國文化與中國的兵》一書中的分析指出：從戰國時代結束，中國便逐漸發展出一種「沒有兵的文化」，尤其是在宋太祖「杯酒釋兵權」之後，「好男不當兵，好鐵不打釘」的現象尤為明顯。丘逢甲等人為保衛鄉土，在本地募集的「義勇兵」，很明顯地有「訓練不足」、「裝備不良」的大問題，唐景崧從外地募來的「廣東兵」，更有「素質不齊」的缺點。面對強敵的攻打，如果遇到「將帥無能」，就很容易潰不成軍。

中軍副將黃義德所統的粵勇駐紮台北省城，經常惹事生非，騷擾民眾。唐景崧為了制衡，想調丘逢甲的義勇來台北。但丘逢甲卻不想把精力用在內鬥，於是抗不遵命，並將各營抽回中路的台中一帶，「大有自主之意」。唐景崧只好將黃義德所部則調紮獅球嶺。

第二節　成立台灣民主國

三月三十日，中方被迫簽訂休戰和約，台灣人民知道清廷已經把自己及家鄉當做戰敗求和的犧牲品，出賣給日本，宛如晴天霹靂，大為震驚。

仕紳仰仗唐景崧

當時正在北京參加會試的台灣舉人聞知惡耗，立即一起聯名上書督察院，籲請勸阻割讓台灣。台灣島內以丘逢甲為首的台北士紳也急切電請清廷，呼籲勿放棄台灣：「割地議和，全台震駭。自聞警以來，台民慨輸餉械，固亦無負列聖深仁厚澤。二百餘年之養人心，正士氣，正為我皇上今日之用。何忍一朝棄之。全台非澎湖之比，何至不能一戰。臣等桑梓之地，義與存亡，願與撫臣拒死守禦，若戰不勝，待臣等死後，再言割地。」但清廷均置之不理。

四月十六日，台灣士紳再請台灣巡撫唐景崧，電奏哀請，申明台灣人民誓死抗戰，不願被異族統治。但清廷仍然不理，反而電覆唐景崧，下令抑制台灣住民，「不可因一時過激，致貽後患」。

四月十七日，清廷派李鴻章前往日本，與日本首相伊藤博文商討簽約事宜。當時李氏曾經警告伊藤，台灣人有「三年一小反，五年一大反」的性格，極難治理，但伊藤認為這是李鴻章危言聳聽，刻意阻撓「割台」之舉，而不屑一顧。

四月十九日，總理衙門的電報傳來割讓消息，還交待當地官吏「交割時極力保護接收委員，切勿滋生事端」，台灣民眾情緒更是激動。當天，以丘逢甲為首的進士、舉人以及艋舺富豪、中南部仕紳共兩百餘人在艋舺集會，主張清朝廷既然拋棄台灣，以後台灣人應該由自己決定出路。會中同時呼籲將唐景崧留在台灣，認為靠他與清朝廷的關係，才能得到資源與協助。

唐景崧緊靠張之洞

「朝中無人莫做官」，當時唐景崧在朝廷中最主要的支持者，就是所謂「強硬派」的領袖張之洞。早在一八九四年十一月間，張之洞聽到日本要奪取台灣時，就一再公開表示絕對不能放棄台灣，並提出「遠交近攻」的「權宜救急」之法，主張「給予各國利權，結援列強來抵拒日本」，將台灣作為抵押向外國借款，用台灣所負的國際債務責任，誘使債權國抵拒日本的要求，或是將台灣的開礦利益許諾給外國，外國自然不願將台灣交給日本。

三月七日，朝廷詢問張之洞：「有無確實辦法？」張之洞分別請駐英公使與駐俄公使各與英、俄國商議。駐俄公使回覆：俄國無意「以兵相脅」；駐英公使則回電：英國政府不願插手，但表示「如各英商公司肯辦，英政府不會阻止。」

當時台灣的金融、貿易、航運、採礦等，幾乎都由英國獨佔，張之洞因而要求駐英公使探詢英商的態度，卻得不到確切的回應。這個消息傳出後，台灣仕紳們彷彿看到一線生機，他們拜訪唐景崧，希望他出面斡

張之洞

旋，以提供煤礦、金礦、茶葉、樟腦、硫磺等稅收做為條件，懇求英國代理領事霍布金斯（L. C. Hopkins），向英國請求託管保護。

這時候，唐景崧又接到張之洞轉來總理衙門官員的來信：台灣若能自保，就不會牽累到朝廷，若能得到英國庇護，自立以保民，可以「聘請英國將領、商請英國船協助防守」，這些話似乎都在鼓勵台灣自立。

四月二十三日，德、俄、法三國駐日大使一起訪問日本外相陸奧宗光，干預日本在甲午戰爭後從中國取得的利益。消息傳來，各地歡聲雷動，唐撫台也笑顏逐開，奏請清廷，誘使列國干預台灣問題。

當時台灣仕紳也認為應以突破性的大膽行動，要求朝廷利用列強干涉來刪除割讓領土的條款。四月二十八日，丘逢甲等人要求唐景崧代奏血書。他們在血書中指出，依《公法會通》，領土割據須經住民同意，「萬民誓死不從倭，割也死、拒也死，寧先死於亂民手，不願死於倭人手。」

「住民自主」的主張

對於這樣的主張，唐景崧次日發電報給張之洞說：他必然會被台人強留在台，若是台灣自治，就可請求各國保護。張之洞回覆：若是台灣自治，台灣抗日就與朝廷無關，朝廷不能支援，所以應視時機決定自治，在任何狀況，台灣住民應請求英國保護，如英國拒絕，則請求法國保護。

事實上，當時俄國意圖染指東三省，它聯合德、法干預，終於迫使日本放棄山東半島；德國則藉此取得他們在膠州灣的權益；法國則志在廣州灣；他們如願以償後，就不再有進一步行動。至於英國，更與日本簽訂「英日同盟」，令國人大失所望。

清廷因為已經跟日本簽訂條約，無法公開反悔合約中的承諾，所以利用主戰派的張之洞四處奔走、求取外援。為了不讓日本有再度動兵的藉口，就希望這些行動能以台灣人民的名義進行，表示與清朝廷無關。以免妨害清廷與日本的和局，結果是默許台灣可以自作主張。

五月十日到十七日之間，唐景崧先前從廣東招募的兩千多名士兵以及購買的三百萬份火藥，從廣東抵達台北，另外三百萬份火藥則被運往台南。

五月十五日，丘逢甲領導的台灣仕紳與唐景崧密商，說明自主建國的計畫。會議後，眾人要求唐景崧發布聲明譴責日本侵略的行動。同時拍電報給張之洞，代轉

〈台民布告〉給朝廷，表示：「無天可籲，無人肯援，台民惟有自主」，嚴正警告日本：「設以干戈從事，台民惟集萬眾禦之，願人人戰死而失台，決不願拱手而讓台」，布告中也呼籲各國：如果承認台灣自立且共同防衛台灣，則可以租借所有金礦、煤礦、能耕作的田地與能建築的土地。

嚎啕大哭就任總統

五月二十一日，福建將軍慶裕請總理衙門依萬國公法「民情不願，定約可廢」，請「各國公議廢約」。那一天，張之洞指示唐景崧，可以要求朝廷向日本贖回台灣，但需要台灣紳民願意負擔部分贖費，當天丘逢甲等人再度懇請唐景崧出任台灣「總統」，他就順勢接受。

台灣的士紳和商賈於是公推前清進士丘逢甲為代表，聯合林朝棟等官員，倉促籌備組織政府。五月二十五日，台灣宣布實施總統制，定名「台灣民主國」，建元永清，制定藍地黃虎為國旗，並公舉唐景崧為台灣民主國大總統。翌日，以丘逢甲為首的台灣紳民繞行艋舺，接著到原先巡撫衙門的「總統府」，向唐景崧兩跪六叩，呈奉藍地黃虎旗及台灣民主國金印，唐景崧穿著朝服，望向北京九叩首，接任總統後，竟嚎啕大哭，反映出他當時心中的「無奈」。

唐景崧就任總統後，立即向清廷致電：「台灣士民，義不服倭，願為島國，永戴聖清。」並向台灣民眾發出文告云：「日本欺凌中國，大肆要求。此次馬關議款，賠償兵費，復索台灣。台民忠義，誓不服從，屢次電奏免割，本總統亦多次力爭，而中國欲昭大信，未允改約，全台士民不勝悲憤。當次無天可籲，無主可依。台民公議自主，為民主國，以為事關軍國，必須有人主持，乃於四月二十二日，公集本衙門遞呈，請余暫統政事，再三推讓，五月初二日，呈上印信，文曰台灣民主國總統之印，換用國旗藍地黃虎。竊見眾志已堅，群情難拂，故為保民之計，俯如所請，暫允視事，即日議定改台灣為民主之國。」

「唯台灣疆土，荷大清經營締造二百餘年，今雖自立為國，感念舊恩，仍奉正朔，遙作屏藩，氣脈相通，無異中土，照常嚴備，不可疏虞。」

台灣民主國藍地黃虎旗

口是心非的總統

民主國政府亦致中外文告云：

「竊我台灣隸大清版圖二百餘年，近改行省，風會大開，儼然雄峙東南矣。乃上年日本啟釁，遂至失和，朝廷保民恤民，遣使行成。日本要索台灣，竟有割台之款，事出意外，聞信之日，紳民憤恨，哭聲震天，雖經唐撫電奏迭爭，並請代台紳民兩次電奏，懇求改約，內外臣工，俱抱不平，爭者甚眾，無如勢難挽回。紳民復乞援於英國，英泥局外之例，置之不理。又求唐撫帥電奏，懇由總理各國事務衙門商請俄、法、德三大國併阻割台，均無成議，嗚呼慘矣。

查全台前後山二千餘里，生靈千萬，打牲防番，家有火器，敢戰之士，一呼百萬，又有防軍四萬人，豈甘俯首事仇？今已無天可籲，無人肯援，台民惟有自主，推擁賢者，權攝台政。事平之後，當再請命中國，作何辦理。倘日本具有天良，不忍相強，台民亦願顧全和局，與以利益。唯台灣土地政令，非他人所能干預，設以干戈從事，台民惟集萬眾禦之，願人人戰死而失台，決不願拱手而讓台。」

這份文告應當是出自丘逢甲之手。這兩份文告對比之下，立刻可以看出當年

「建國保台」的一個根本矛盾：唐景崧原先只想到台灣做官，他並不像領導自主的台灣士紳那樣，「願人人戰死而失台，決不願拱手而讓台」。他到台灣之後，便努力培植自己的勢力，並刻意壓抑本地豪族。甲午戰爭爆發，唐景崧即與張之洞及部分華南督撫取得密切聯繫，並派遣親信前往廣東等地，招募士兵購買武器。也試圖向台灣仕紳募款以籌措資金，但成效不佳。

一心想開溜的總統

割台消息傳出之後，唐景崧就想離開台灣。到了四月中旬，台灣各地秩序已經陷入混亂，官員不敢到各地收稅，商人趁機逃稅。地方杯葛繳納釐金（交易稅），北部地區釐金局與一般稅局都被攻擊恐嚇。艋舺、大稻埕一代的富商巨戶，紛紛攜家帶眷，搭乘輪船，逃往福建。因為外國人很容易成為亂民攻擊的目標，各國展開護僑行動，外國人居住的大稻埕雖然尚可維持安定，四月中，英國、德國砲艇先後駛入淡水港，德、英各留下二、三十名士兵，美國砲艇也曾到達淡水，四月底英國也派一艘砲艇進駐打狗。這時候，唐景崧也千方百計要離開台灣，他想委託在台英商賣掉他所有的不動產，並求將六十萬美元運往大陸。

對於這一點，台灣仕紳並非毫無所覺。四月二十一日，仕紳們拜訪唐景崧並威脅：禁止所有官員及眷屬離開，也禁止將公款、武器及財產帶出台灣。唯一例外是允許唐景崧八十歲高齡的母親內渡回大陸，唐母當日匆匆離開台北城，但行李要運出巡撫衙門時，卻遭士兵與住民襲擊行搶，造成數十人傷亡；隔日，唐景崧再度央求英代理領事協助運出他的私人財產，並變賣政府不動產，但英國領事館卻不願意冒這個險。

第三節　台灣民主國的瓦解

五月二十八日，日軍艦隊由東鄉平八郎指揮，滿載北白川宮親率的近衛師團第一團，由樺山資紀擔任總指揮，在澳底登陸。當時駐紮瑞芳的民主國軍僅有三百多人，唐景崧接到急報，下令從基隆派兵增援，使駐防軍力增至五千多名。瑞芳砲台被摧毀之後，民主國軍利

東鄉平八郎

用民房，與日軍展開巷戰，但在日軍強大火力的攻擊下，三天後，終於不支潰敗。

黃義德未戰先走

兩天後，日本陸軍先鋒部隊逼近基隆市郊時，海軍艦隊開始以強烈砲火砲轟基隆砲台。當時駐防基隆的民主國軍為數僅三千左右，在寡不敵眾的情況下，受到日軍主力部隊包圍的基隆，很快就陷入混亂，而被攻陷。

獅球嶺是基隆西北角的一隅陵地，劉銘傳曾在此架設砲台，大敗法國海軍，戰略地位非常重要。中法戰爭時，由林朝棟率領三千部隊軍駐守。當時法軍將領孤拔，迎戰數日，無法攻破此地。唐景崧一到台灣，即將林朝棟調守台灣中路的彰化地區。瑞芳失守，台北仕紳緊急建議將林朝棟的

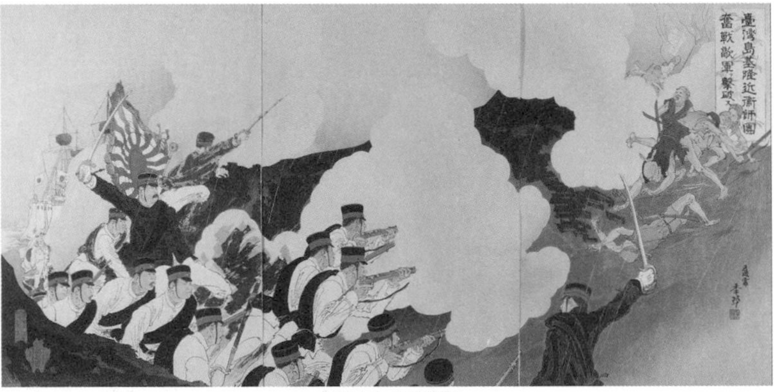

日軍攻打基隆

「棟」字營調來防守獅球嶺，但唐景崧卻不願意。

六月三日，日軍和民主國軍為爭奪獅球嶺砲台，在滂沱大雨中發生慘烈的肉搏戰，但後來民兵和義勇發生內鬨，戰鬥只持續一天，砲台就被日軍奪下。在瑞芳、基隆、獅球嶺攻防戰中，日軍戰亡二百五十六人，傷兵四百七十人，民主國軍陣亡五百多人，傷者無數。

在基隆戰況危急時，唐景崧命令黃義德火速前往支援。黃義德平日為人狡詐，他在大雨中抵達獅球嶺，尚未與日兵接仗，即率兵折返台北。向唐景崧宣稱：「獅球嶺砲台已經先陷，我軍在大雨中，無處紮營，只能折返」；又騙唐：「日軍已出告示，懸賞總統首級，我擔心總統安危，才匆促趕回台北」！這時候，黃義德屬下兵勇，為了請求薪餉，不僅大鬧街市，向商戶索取錢財，調戲婦女，甚至襲擊官舍衛兵，致使台北秩序大亂。

唐景崧安享餘年

唐景崧面對這種內外交逼的局勢，根本不知如何應對。六月四日，他假藉「到淡水督戰」為名，溜出台北，躲在一個德商家裡。六月五日，他從淡水不斷發電報給駐在桃園南崁的丘逢甲、台中的林朝棟，以及各地的義軍領袖，要他們「千急急赴援」、「萬急急赴援」，帶兵前往台北支援，但根本沒有人理他。

六月六日，他帶著幾位「台灣民主國」的官員，乘坐掛德國旗的英國輪船逃往廈門。為了保證自己能安然脫身，唐景崧甚至請人付五千兩銀子給淡水砲台，請守衛不要砲轟他們乘坐的商船。

唐景崧回到北京，並沒有因為他曾經擔任「台灣民主國」總統而受到任何責罰，最後還能回廣西故鄉，以提倡桂劇戲曲自娛，而安享餘年。這說明在清廷眼裡，他算是個盡職的官吏，如此而已。

日軍進入台北城

辜顯榮自告奮勇

台灣民主國瓦解之後，舊清軍留下的散兵游勇四處劫掠財物，與本地義勇互相殘殺，社會秩序大亂，淡水居民已經有人發起主張請日軍來維持秩序，艋舺一帶的商戶也在龍山寺召開會議，商討對策。這些「有力人士」，擁有資財，但卻沒人敢冒險去跟日軍接觸。這時候，唯一自告奮勇的人，就是辜顯榮。

辜顯榮

辜顯榮是鹿港人，身材魁梧，小時候由鹿港來到台北，在艋舺一位施姓鹿港人開的商行打雜。日軍攻陷基隆後，人心惶惶，他卻跑去求見樺山資紀，並於六月七日帶領日軍進入台北城。結果近衛師團不費一兵一卒就拿下了台北城，辜氏也成為協助日軍入城的第一大功臣。

金牌十二泣孤臣

台灣民主國成立時，唐景崧曾限官員三日內渡，當時返回大陸人數多達一百五十人。在這種情況下，林朝棟雖然將家眷送往泉州避難，但他自身仍舊留台，率領棟字營，準備迎戰入侵的日軍。

當林朝棟接到台北失陷的消息，並且整軍前往北部支援時，十九日，在新竹後壠卻得知日軍打到桃園，唐景崧已經內渡，林朝棟感到大勢已去，他深知事不可為，隨即返回彰化，發放軍餉，宣布解散棟軍，不久內渡。但是仍舊有若干棟字營遵循他「自由抗日」的指示，繼續參加抗日保台的戰鬥，直到七月，在苗栗、台中、彰化留下許多英勇犧牲的事蹟，阻止日軍的快速推進，可惜在日軍強大軍力的壓制下，終究寡不敵眾。到了九月，南部劉永福的黑旗軍也敗亡了，日軍才能進入台南城。

光緒二十三年（一八九七），林朝棟曾經奉旨被慈禧太后召見兩次，諭歸南洋大臣劉坤一差遣。林朝棟即募勇組軍，仍名曰「棟軍」，駐守海州，所到之處，措置裕如，地方安如磐石。

光緒二十六年（一九〇〇），因為林朝棟與新任長官鹿傳霖不和，因此辭職回廈門

林朝棟

經營樟腦事業。隔年因福建的官腦事務歸中日合營，遂罷去。其後轉往上海寓居，光緒一九〇四年四月十四日，逝世於上海，享年五十四歲。

安溪舉人林輅存有「林朝棟誄詞」最能夠概括林朝棟的一生：

「百戰鯤溪不顧身，金牌十二泣孤臣；燕雲回首承恩日，剩得黃袍一領新。」

孤臣無力可回天

義勇軍統領丘逢甲在得知割台之初，曾先後三次刺血上書清廷請求廢約抗戰，並寫書「抗倭守土」以示決心。他代表全台紳民請唐景崧代奏清廷的奏文上說：「萬民誓不服倭，割亦死，拒亦死，寧先死於亂民之手，不願死於倭人手。」可是，他畢竟是科舉出身的文人，雖然號稱義軍領袖，並沒有帶兵實戰的經驗。

六月六日，辜顯榮帶領日軍進入台北時，其告密書狀稱：「匪徒之首領為丘逢甲，原來係一讀書人」，而成為日軍的緝拿人物。唐景崧逃離台灣後，丘逢甲面對殘局，一籌莫展。六月九日，他與林朝棟一起到新竹，解散義軍，林朝棟隨即返回彰化，發放軍餉，宣布解除義軍。

台北失陷後，日軍在三角湧、大姑嶺一帶展開燒殺，焚莊清鄉，林朝棟見大勢已去，內渡福建。日軍攻到桃竹苗客家人聚居的地區，遭到激烈抵抗。義軍領袖丘逢甲的親族邱國霖戰死，他的學生姜紹祖被執，丘逢甲本人為避免滅族之禍，終於在六月底，跟兩位兄長丘先甲、丘樹甲陪伴父親丘龍辛，一行共三十六名義軍，乘坐姻親張曉峯的船，逃往泉州。

他們雖然逃離台灣，但家族裡的老幼婦孺仍然留守家園。丘逢甲六首〈離台灣〉的最後一首因此感嘆：「亂世團圓骨肉難，兄弟離別正心酸，奉親且作漁樵隱，人間到處可掛單。」但其中流傳最廣的是第一首：「宰相有權能割地，孤臣無力可回天；扁舟去做鴟夷子，回首河山意黯然。」反映這位義軍領袖心裡的糾結和無奈。

人間還有鄭延平

丘逢甲抗日失敗回唐山祖居地，祖居地經長毛之變，早已變得十分貧瘠。他在潮陽謀得書院教職，宣揚新思想，也被地方仕紳排擠。後來他乾脆走「教育救國」的道路，到南洋檳榔嶼、吉隆坡、印尼等廣東人、客家人多的地方教學並募款。他結交了不少當地華僑，募得款項，到汕頭建嶺東學堂。

眼見光復台灣遙遙無期，對清廷的失望，使他後來暗中贊助革命黨，他寫詩批判時政，辦學校鼓吹新思想，當時有多位革命志士是他們的門生，他即使受到猜忌，仍然繼續掩護革命行動。

辛亥年黃花崗之役發生後，丘逢甲剛辦完父喪，立即趕回廣州，營救被捕的學生，鄒魯、陳炯明、古應芬、朱執信等人。更於八月策畫廣州兩廣總督反正。革命成功，丘逢甲寄望台灣能擺脫異族的殖民統治。羅福星受他鼓勵，到台灣從事活動。但是丘逢甲本人卻因為連年勞累，於民國元年正月初八病逝，剛滿四十七歲，但病逝前，囑咐死後必須南向而葬，遺詩最能反映他當時的心意：

「鳳凰台上望鄉關，地老天荒故將閒。
自寫鄂王詞在壁，從頭整頓舊河山。
誰能赤手斬長鯨？不愧《英雄傳》裡名。
撐起東南天半壁，人間還有鄭延平！」

台灣行

晚清著名愛國詩人黃遵憲所著的《人境盧詩草》，曾經收錄一首《台灣行》，描述當時日軍入城時，台灣一般仕紳的反應：

「一輪紅日當空高，千家白旗隨風飄。縉紳者老相招邀，夾跪路旁俯折腰。

紅纓竹冠盤錦絛，青絲辮髮垂雲髾。跪捧銀盤茶與糕，綠沉之瓜紫蒲桃。

將軍遠來無乃勞，降民敬為將軍犒。將軍曰來呼汝曹，汝我黃種原同胞。

延平郡王人中豪，實闢此土來分茅。今日還我天所教，國家仁聖如唐堯。

撫汝育汝殊黎苗，安汝家室毋譊譊。將軍徐行塵不囂，萬馬入城風蕭蕭。

嗚呼將軍非天驕，王師威德無不包。我輩生死將軍操，敢不歸依明聖朝。

噫嚱吁！悲乎哉！汝全台，昨何忠勇今何怯？萬事反覆隨轉睫！

日軍入城

平時戰守無豫備，曰『忠』曰『義』何所恃！」

在這首詩中，所謂「將軍遠來無乃勞，降民敬為將軍犒」，當然是指辜顯榮的行徑。這類事情後來在打狗港（高雄）、台南失陷時，也曾一再發生。至於說：「昨何忠勇今何怯？萬事反覆隨轉睫！平時戰守無豫備，曰『忠』曰『義』何所恃！」則有必要再作進一步的分疏：

當「台灣民主國」崩潰的時候，許多領導人都選擇內渡，整體來說，確實會予人以「昨何忠勇今何怯？萬事反覆隨轉睫！」的印象。然而，仔細檢視這些領導人「遺棄」台灣的經過，我們不難看出，要對他們的行為作出公正的評論，不僅要看他們一生所作的重大決策，而且還要看他一生的行誼，才能做到所謂的「蓋棺定論」。

至於《台灣行》一詩中所謂的「我輩生死將軍操，敢不歸依明聖朝」，或許可以反應城市中富商和仕紳階級的心態，但一走出台北城，日軍便發現情況全然不是如此。在日軍的鐵蹄踐踏之下，還是有許多志士揭竿而起，挺身相抗，誓死不屈。這就是下一章我們所要談的「乙未戰爭」。

第三章　被踐踏的台灣

七月十一日，第一任台灣總督樺山資紀由近衛師團長北白川宮陪同，在台北舉行始政儀式（台灣人稱之為「恥政儀式」），並校閱三軍。在場觀禮並搖旗吶喊的外僑、外國領事及當地的投機民眾約三百多人。台灣民主國三萬五千名的舊清軍似乎已經全面潰散，樺山以為從此可以一路順暢，接收台灣。

近衛師團的最終目標是台南府城。台南是台灣政治文化中心，遠從十七世紀，荷蘭人便在台南經營，經歷明鄭、清朝，在一八八六年台北被訂為台灣首府之前，它是台灣的府城，由身經百戰的劉永福率黑旗軍

第一任台灣總督樺山資紀

駐守，所以成為日軍的首要目標。

第一節　三角湧義軍勇憾天地

近衛師團長北白川宮能久親王命令山根信成少將率領第二旅團於十二日出發，從大嵙崁溪兩岸及鐵路線，分三路前進，掃蕩潛伏在新竹以東、大嵙崁（今大溪）、三角湧（三峽）一帶的反抗軍。預定三日後在龍潭坡會合，再前進到達新竹。不料日軍一離開台北，便遭到蘇力、蘇俊和陳小埤等人領導的抗日軍伏擊，他們的英勇作戰，讓日軍吃盡了苦頭。

三角湧三傑

蘇力，全名蘇馬力，字存仁，兄弟八人，排行第六，清道光十八年（一八三八）生，淡水廳海山堡三角湧街人，祖籍福建省泉州府安溪縣。先人來台，世代業農，

參加始政儀式的北白川宮

家道平實。蘇力本人略讀詩書，明義理，身材魁偉，個性剛毅豪爽，有大度。光緒十一年（一八八五），劉銘傳首任台灣巡撫，蘇力響應當局政策，經營樟腦事業，勤事積功，家道逐漸富饒。但蘇力平日疏財重諾，見義勇為，熱心公益，經常周濟貧困，故不僅為地方鄉人愛戴，當局也倚重辦理地方事。

《馬關條約》定局消息傳來，他號召地方人士守土禦侮，集眾五千餘人，地方英俊群起響應，成立三角湧聯甲局，乙未戰爭一開始，改稱三角湧義民營，推蘇力為統領，並由唐景崧委派任務，於是約定律法，歃血盟誓，部署備戰。蘇力時常慷慨陳詞，且散其家財，充為部屬餉糧，與日人誓不共戴天，鄉老問他為什麼？他的答覆是：「朝廷割地根本沒有經過我們同意，所以要反抗到底。」

蘇俊，海山堡三角湧人，是蘇力侄輩。通文墨，明大義，足智多謀，素有「小諸葛」之稱，在三角湧抗日史上，與蘇力齊名，為義軍的靈魂。

乙未之戰，日軍犯台，他與蘇力共謀抗日，呼籲鄉人，組成義軍，稱三角湧義民營，擔任副統，參贊軍務。敵軍將至，俊變賣家產，奔走大嵙崁街、土城莊、風櫃店、鶯歌石各地，約定聯防，部署戰事；運籌帷幄，補給彈糧；及與日軍交鋒，屢起奮戰，數次重創敵人。

陳小埤，原名深埤，三角湧街公館後庄人，清咸豐八年（一八五八）生，祖籍福建泉州府安溪縣。陳家為地方望族，小埤家道甚豐，幼讀書史，略通詩書，習武術，有膽識，尚義氣，性豪邁，深曉大義。劉銘傳撫台時，小埤曾投效轅下，從事開山撫番，著有功績，獲銘傳之賞識，小埤感其知遇之恩，益發自勵，為名聞三台之義軍中驍將。

乙未割台，小埤與兄年園動員親族四百餘人，並募集約千人，自備糧餉武器，編成團隊。三角湧街民舉義抗日時，小埤首先加盟，與姑表兄蘇力合組義軍，任三角湧義民營分統，自領一軍，獨當一面。經常出入敵陣，阻日軍南下，所部多嫻技擊，浴血抗戰，以驍勇著稱。

陳小埤

佈置袋形陣地

七月十二日，日軍沿大嵙崁溪兩岸地區進發之部隊兵分二路，近衛師團第二旅團長山根信成少將部隊二千六百餘人，自台北沿鐵路線南下，另一方面，坊城俊章少佐則奉山根信成之命，率所部八百九十四人，當天下午進入三角湧街（台北三峽）。當日軍抵達三角湧街後，居民偽與親善，協助他們將陸上行軍第三大隊之食米及補給品，自運糧船搬運岸上，日軍也不疑有他。是夜，日軍於公館尾的祖師廟、土地公廟、李家大厝紮營，但其行蹤已經為義軍偵知。蘇力即與江國輝相謀，蘇力親率主力，在福德坑附近，利用三角湧街以南，沿土地公坑溪往大嵙崁街必經的山區狹谷地帶，佈置袋形陣地，領義軍埋伏兩側，準備以此一長約三公里，寬一百五十公尺的溪谷，夾擊日軍。

江國輝部及烏塗窟義軍黃曉潭部千人，潛伏於海拔一百五十餘公尺之分水嶺與桃園縣大溪鎮交界處。陳小埤率領另一支義軍，埋伏於大嵙崁溪支流隆恩河兩岸的隆恩埔附近，準備夾擊溯溪經此前往大嵙崁的運糧船隊。

坊城部隊被圍

七月十三日清晨，坊城部隊以第八中隊及工兵小隊為前導；坊城本隊及五、六、七中隊殿後，由三角湧街南端出街，沿土地公坑溪左岸的谷底山道單列前進。

七時，行至分水嶺谷底，義軍由四面發動突擊；日軍困於山川形勢，倉皇不知所措，想要後退；蘇力又以主力從後抄襲；使其首尾不能相顧，陷入苦戰，傷亡枕籍。戰至下午，蘇力之子蘇旋，於白匏湖山陣亡，義軍更是憤慨，全力搏戰。入晚大雨，山險路滑，日人處境更為艱難。

七月十四日，日軍數度想突出重圍，但卻一再被義軍擊潰。到了下午四時，日軍打算決死突圍，以工兵小隊為先鋒，第五、第六中隊繼之，渡大嵙崁溪直奔中壢。不料剛抵溪岸，義軍已四集，連村中婦女亦執刃上陣；日軍疲乏困頓，渡河不成，只好退回山溝。到了深夜二時，再乘月光突圍，回守分水嶺西北約八百公尺的娘子坑山。

七月十五日，屯駐娘子坑的日軍；以第一聯隊的第五、第六、第八中隊守山；以第七中隊扼守坑口；義軍則於四面山峰層層包圍。當時日軍聯絡斷絕，想要突圍卻彈藥不繼，要堅守又食糧告窮；最後有漢奸羅金來引導三名日軍，化裝為台灣乞丐，乘夜潛出，向龍潭陂山根支隊求救。

當時，因為日軍進入三角湧、大嵙崁山道後，就斷了音訊，台北方面的總部為探查樹林及三角湧之戰況，另派騎兵一隊自台北出發，經板橋向三角湧南進。不料到了土城庄大安寮，又中了義軍埋伏，全隊二十二騎中，中彈死者十九騎！

焦土掃蕩，屠殺民眾

七月十六日拂曉，義軍猛攻，日軍堅守，彈藥將盡，二百公尺外不敢發射。同時，坊城密使抵達山根支隊，山根少將接獲，立刻率領大軍馳援，下午二時，山根支隊隔河炮轟大嵙崁街，砲聲聞於娘子坑。黃昏時刻，大嵙崁街為日軍攻陷，大嵙崁義軍見後方基地遭日軍攻擊，乃撤隊回援，結果圍陣瓦解；坊城支隊突圍與山根大隊會合，三角湧義軍見友軍撤走，增援日軍在兵員、火力上均具優勢，只得分路撤離。

義軍的抵抗大出日軍的意料之外，日人檢討月來軍事之失，認為台北、新竹間，草木皆為敵人；非化其地為焦土，不得確保治安；因此實施第一期掃蕩計劃，決定採取焦土戰術，焚夷村落，實施大屠殺。先以主力掃平台北一帶義軍，再以百里聯營之計，進軍台南。

樺山資紀至此不得不暫時中止南進計畫，從台北調來第三批的增援部隊，投入近衛師團全部兵力約一萬五千名，從大溪揭開掃蕩戰的序幕。當時義軍三千餘人，由蘇力統率，嚴陣以待；蘇俊、陳惡等守鶯歌庄；陳小埤等守二甲九庄；蘇力本人駐守土地公坑，抵擋日軍主鋒。一般民眾為了保衛鄉里，紛紛投入義軍，奮勇作戰；日軍則是不分青紅皂白的進行屠殺，三峽大溪一帶，每天炮聲隆隆；日軍以火攻戰術，三日之間，板橋至大溪一線，焚毀民宅一千五百餘戶，義軍陣亡五百餘人，被屠殺的民眾達五千人之多，連婦女、小孩都無法倖免。

名留青史

在日軍強力掃蕩之下，義軍戰局迅速惡化，少數部隊不得已退入內山，化整為零，從事游擊戰。當年冬天，蘇力見大勢已去，只好偕妻陳意、蘇俊夫婦及其三子等人內渡廈門，開中藥店。一九〇八年，日人法網漸疏，方潛返回故里晦居，兩年後病歿，享年七十二歲，世稱三角湧抗日三傑之首。

當蘇力在分水嶺與日軍主力作戰時，陳小埤轉戰於隆恩埔，二甲九及大安寮間，以為牽制。隆恩埔一役，大創日軍，盡擄其糧船，全勝而歸。乙未年十一月，當北部各路義軍會攻台北府城時，陳小埤肩負各軍糧秣重任，並率部夜攻東門，奮力破敵壘，由右廂攀登，焚其廒舍，可惜後援無力，而且城內又無內應，結果日軍迅速反撲，功敗垂成。是年十二月下旬，小埤與兄年園自內山潛返三角湧陳公厝祭祖，事為日軍探悉，派隊包圍陳宅，年園及陳通當場被捕，小埤力拒，與之搏鬥，然募不敵眾，終被亂刀刺死，時年三十八歲，葬土地公坑。

小埤長兄年園，別名新園，一八五三年生，被捕次日與陳通同時被殺。三弟小惡，四弟恁久，五弟恁生皆參加抗日戰，日人稱為陳家軍。

除了抗日三傑之外，在這次戰役中，義軍領袖江國輝亦不幸被俘。日軍進入台北之後，江國輝出面領導三峽、大溪一帶抗日義軍，深受當地民眾愛戴。他智勇雙全，指揮一連串的戰鬥，使日軍疲於奔命，更給予日軍重創。被捕後，受到日軍殘酷的刑罰，他卻視死如歸，始終三緘其口。最後從容就義，成為乙未戰爭中的義軍典範。

第二節　姜紹祖身殉新竹

南進的日軍到了新竹附近，又遭到頑強抵抗。近衛師團在大湖口附近跟義軍激戰，儘管雙方火力差距懸殊，日軍仍然不得不請砲兵支援，將大湖口轟為平地，才迫使義軍撤去。這一役日軍陣亡一百五十多人，使不可一世的日軍改變了對台灣人的看法。

義軍反守為攻

七月二十二日，日軍攻抵新竹城下。入城後，竟然沒有發現一個義軍！民房門戶緊閉，沒有辜顯榮引路，也沒有市民列隊歡迎。惶惑的日軍派出五名騎兵，向台北司令部報告戰況，卻在半途中伏，全數被殲！

二十五日，潛伏附近的義軍，在姜紹祖率領下，集結將近一千人，使用五花八門的陳舊武器，突然猛烈進攻日軍！受困的日軍雖然使用山砲、機關炮、機關槍的優勢火力反擊，但依然被打死兩百多名！這是義軍第一次反守為攻，他們毫不畏懼，前仆後繼的英勇作為，使得日軍膽戰心驚！

姜紹祖的父親姜榮華，出身新竹望族，親生子、養子，相繼早逝，年過四十，始納妾宋氏，生下紹祖，成為唯一傳承姜家血脈之人。

抗日烈士姜紹祖

姜紹祖二歲時，父親見背，不久大媽胡氏亦過世，由其母親宋氏帶大，並延聘當地秀才彭裕謙為蒙師。姜紹祖身材矮小，雖出生於富裕家庭，啟蒙後，飽讀經書，勤練書法，不但能詩善文，寫得一手蒼勁有力的好字，年少時，已經在同儕中出類拔萃。除依照姜家傳統，捐納監生外，並曾遠赴福州參加鄉試。

在林朝棟的運作下，姜紹祖的父親姜紹基於光緒十四年（一八八六）和黃南球等人，籌組「廣泰成墾號」，由黃南球任總墾戶，拓墾苗栗縣大湖、卓蘭等地。具名入股的姜紹基因病過世後，光緒十五年九月，姜家以姜紹祖為名，繼續參與廣泰成墾號的拓墾工作。

散財聚義

甲午年（一八九四）姜紹祖十九歲，在母親的安排下結婚，新娘閨名滿妹，是頭份墾荒世家陳昌期的么女。這一年，中日甲午戰爭爆發。

《馬關條約》簽訂當天，新竹縣城人心惶惶，傍晚姜紹祖由竹塹城返北埔後，於書齋裡寫下一首七絕：

書幃別出換戎衣，

四夫有責安鄉畿。
士子何辜奔國難，
誓逐胡塵建義旂。

丘先甲、丘逢甲兄弟在南崁號召各地義民，組織義軍起而反抗，吳湯興在苗栗地區招募了七百餘人，鼓勵竹苗地區人民挺身反抗日軍。姜紹祖到縣衙登記，王國瑞知縣甚為嘉許，給了他一個「敢」字，命他募兵組織民軍，稱為「敢字營」。「敢字營」除了由姜紹祖擔任正營領導外，並包含其他地方頭人如鍾石妹、徐泰新等人所號召的民兵。姜紹祖對來投效的義民，都送給安家費，有些給三十元，貧窮的送五十元。除此之外，還要大量購進米糧、副食，開銷極其可觀，姜家累積幾代的財富，幾乎因此散盡。

姜紹祖家族

捷報初傳

日軍在南下時，「敢字營」民軍在中壢安平鎮、新竹大湖口、枋寮等地參戰。

鳳山崎是桃園台地與新竹平原交界處的一段山坡地，鐵路沿山腹而下，草木叢生，荊棘滿地，為大湖口至竹塹城必經之地。「敢字營」集合了北埔、竹東、峨嵋以及苗栗頭份等地的義軍，約七百多人，其中姜紹祖直屬的有三百餘人，在此布陣。

六月十八日，日軍南下至大湖口，主力在此紮營，並由一名士官率領八名哨兵南下。姜紹祖在此埋伏已久，當這小隊來到鳳山崎頂時，一聲令下，四面夾擊，當場擊斃七名敵軍。數日後，再度擊殺六名日軍，包括一名中尉軍官在內。捷報傳回，整個村莊都沸騰了起來，姜紹祖也成為庄人心目中的英雄。

六月二十二日，日軍挾其強大兵力攻佔新竹，吳湯興、姜紹祖等人又新募「纘字營」，總共有二百一十五人，重振旗鼓，企圖奪回新竹城。七月九日，吳湯興夜集各義軍，由傅傳生，徐驤帶領七百多人佔領十八尖山一帶，進攻南門；姜紹祖則率二百餘人兵力向東門攻擊，其餘二百多名義軍則在水仙崙附近留守待命。日軍收到義軍聚集的消息，也早有準備。

慷慨成仁

十日，吳湯興、徐驤等從十八尖山以及虎頭山，發砲攻擊新竹城，城內日軍死守，義軍全力圍攻，双方不分勝負。姜紹祖所率兩百餘人員依照原計劃衝向火車站，至新竹東門時，遭到日軍反撲，被截斷分為兩部；一部潰散，其餘一百多人由姜紹祖帶領，退入枕頭山附近的頂竹圍黃厝空屋內。姜紹祖所部自屋頂開槍，支援友軍，而受到日軍包圍，雙方相持不下。

但日軍砲火逼近，義軍彈盡援絕。到傍晚時，阪井大佐親率大隊來攻，突破竹籬，姜紹祖自知大勢已去，被迫投降。義軍被捕者共一百一十五人，但有些房屋二樓潛伏的義軍仍繼續狙擊日軍，日軍遂縱火加以燒毀，當場燒死義軍三、四十人。

姜紹祖混在俘虜中，因為年紀輕身材矮小，沒有受到日軍注意，俘虜們又堅不吐實，日軍屢查不到姜紹祖，其部屬杜姜，自告奮勇替死，但日軍不相信他是姜紹祖，而繼續盤查。姜紹祖不忍心看弟兄陸續被拉出去槍斃，遂從身上撕下了一塊布，寫下他生平最後一首詩：

邊戍孤軍自一枝，
九迴腸斷事可知；
男兒應為國家計，
豈敢偷生降敵夷。

隨後，即吞食弟兄所攜帶之鴉片煙膏，自殺身亡，得年僅只二十，成為抗日義軍領袖慷慨成仁第一人。

第三節　苗栗抗日激怒福澤諭吉

始政儀式時，樺山曾宣布「台灣總督府臨時條例」，計畫採取文人統治。三峽大掃蕩之後，他改變初衷，報告本國政府，由陸軍大臣大山巖於八月六日頒布「台灣軍事統治臨時條例」，實施戒嚴。同時調派駐防在大連的第二師半數兵力，組成龐大的第四混成旅團，由伏見親王指揮，陸續登陸基隆，接替近衛師團的防務工作；又調派乃木希典中將率領駐瀋陽的第二師團餘部來台，加入近衛師團的南進作戰。

楊載雲殉難

這時候，台灣中部戰場抗日軍的主力，是清代台中紳士道員林朝棟旗下的棟軍。在台灣首任巡撫劉銘傳主政時，林朝棟曾參與中法戰爭的台灣戰事，協助劉銘傳在台灣辦理新政，平定彰化的施九緞事件，官至二品頂戴道員，賞黃馬褂。清制分四級行政，即省、府、道、縣。林氏不是佔實缺的道員，有官無職，只練勇保衛家鄉。他組織的棟軍雖以其台中的子弟兵為主。但仍招募大陸內地的「湘軍」及「粵軍」幹部，作為訓練軍官，故戰力較強。

義軍在新竹南方十二公里處的尖筆山，建立橋頭堡，安置大砲，由楊載雲率領兵員約一千人，嚴陣以待。八月九日，近衛師團挾其優勢火力，節節進逼；海軍「吉野」、「浪速」兩艦並從海上砲轟義軍陣地，雙方激戰之後，義軍終於不敵，楊統領殉

楊載雲墓

難。

楊載雲是少數懷抱民族大義的清兵統領。全台義勇軍統領丘逢甲及台中道員林朝棟內渡中國大陸，交待其部屬「自由抗日」。於是，駐守彰化的台灣府知府黎景嵩收編林朝棟留下的棟字軍，及林維源留下的勁勇前後營，為「新楚軍」，以副將湖北人楊戴雲統領，北上支援桃竹苗的抗日。他殉難後，當地人在頭份建廟祭祀，供後人景仰。

義軍全民皆兵

當日軍沿著今日北二高南下，佔領新竹的新埔，並沿九芎林進擊時，此時林為恩所率的「棟」字副營，在水尾庄古道埋伏，伺機襲擊日軍的先頭部隊。兩軍激戰後，日軍隨軍記者發現十名的義軍死者中，有一名武裝的艷麗屍體。仔細檢視之下，竟是著男裝的女兵，身上帶有不少的彈藥，使日軍大感驚訝！

日軍挾勝利餘威，迅速向苗栗推進，十三日，日軍經後龍，在將軍山與吳湯興率領的義軍發生遭遇戰，十四日，苗栗失陷，日軍被打死一百五十名左右，義軍陣亡兩百人，其中亦有若干武裝女屍，令日軍更感驚訝！

北白川宮親王當時告訴日軍士兵，當他看見義軍屍體有不少婦女，才知道桃竹苗地區「全民皆兵」的狀況，而體會到當初預估征台戰役可在三個月內結束，是不切實際的想法。

「近代化之父」惱羞成怒

台灣人民奮起反抗佔領軍的消息傳回日本，一八九五年八月十一日，「日本近代化之父」福澤諭吉便在《時事新報》上，以社論的方式發表〈（統治）台灣的方針〉。文中指出：

現在（台灣）既然歸入我國版圖，便不容許依舊交付蠻民手中，應自內地大舉移民，開發富源，這樣才符合文明的本意。政府的方針一旦制定，即使不催促，也會有許多人希望移居。從蠻民手中褫奪開荒以來的野蠻事業，再加以文明方式的新創意，必然可獲待驚人的發展。

日本「近代化之父」福澤諭吉

福澤諭吉是日本提倡「脫亞入歐」的思想家，號稱「現代化之父」。「苗栗事件」發生後，這位日本「近代化之父」不高興了，一九八五年八月十四日，他又在《時事新報》上，以社論的方式，發表了一篇措辭嚴厲的〈可嚴重處分〉：

> 犯法者應該追究其罪，不可寬貸，如有難堪訴苦者，則當作化外之民驅逐出境，使日本國境內沒有一個不順從的子民。這樣做，或者會使該島民等相率他去，以致全島空虛。也許會引起有土地無人民的顧慮。但是他們為數最多也不到三百萬人，現在內地政受困於年年增加的人口，天然的樂園台灣歸附我國版圖，而其人口既然稀少，（日本人）就應該陸續移民，實際上也很容易於數年內補充足夠的人士，我寧可希望島民自行逃走他去。

福澤諭吉

在日本飽受挫折而惱羞成怒之際，這位「近代化之父」的這番言論，對日軍殘暴的燒殺行動，當然發生了加油添柴的作用。

第四節　黑旗義軍血戰中台

抗日軍退出苗栗後，立刻轉進到彰化，及其東側的八卦山。當時，該地守軍共十二營，約三千六百人左右。大家見時局不利，有人提議棄守，可是劉永福下令黑旗軍統領吳彭年死守，並謂援兵隨至。當時吳彭年的黑旗軍沿大肚溪巡守，阻止日軍南進。八月二十七日，劉永福又派援軍黑旗兵四營抵彰化，義軍總兵力不下五千人。

八卦山浴血苦戰

日軍在苗栗集結後，即兵分兩路，左隊沿山路攻台中，右隊走海線取彰化。彰化受劉永福命令，結合約四千名義軍防守。但日軍基於前車之鑑，動員所有砲兵，於二十九日清晨五時半，對八卦山及彰化城發動總攻擊，山砲十六門與機關砲九門密集齊發，彈如雨下，民家皆焚。上午七時，日軍即佔領八卦山及彰化。義軍雖然士氣高昂，但大約只有百分之二十持有槍枝，其他人僅有山刀、番刀之類的武器，結果是損失慘重。破城後，日軍縱橫屠斬，見人就殺，不分老少，直至午後方封刀止殺，城內街道死屍累累，鮮血橫流。據日本憲兵調查，義軍屍體僅城內即多達三百八十二具，又具當時新聞報導，僅東門一角所積死屍即約六百二十餘具。

根據日軍的統計，此次戰役，在短短兩、三小時內，日軍即消耗砲彈一百二十七發、子彈二萬七千餘發，但日軍進攻苗栗兩天，所耗槍彈卻僅一萬八千餘發。此一對比，可以反映當時戰況激烈程度。義軍黑旗軍統領吳彭年、黑旗軍管帶湯仁貴、義軍統領吳湯興等均力戰陣亡。

亂世豪俠忠義情

吳彭年是浙江餘姚人，十八歲中秀才，於光緒二十一年（一八九五）春出任台灣縣丞。劉永福久聞其才，聘為幕賓。吳彭年於彰化八卦山力戰日軍，壯烈殉國，其軍需好友吳敦迎出奔，途中無意間發現彭年屍體，當時其所屬吳阿來遭日軍俘虜，受驅策負責埋屍，吳敦迎遂囑咐吳阿來密埋彭年屍體。

吳彭年犧牲時年僅三十九歲，老母尚在，妻已去世，遺二子，長九歲，次七歲，家無恆產，依親友幫助過活，家境淒涼。此事為陳鳳昌知悉，陳鳳昌是福建安溪人。乙未時任台南議院議員。日人平定台灣，鳳昌見大勢已去，乃隱居不出，數年後，典賣家產，內渡廈門。陳鳳昌仰慕吳彭年殉難之忠義事蹟，行前刻意到彰化尋找吳阿來，於八卦山麓檜得吳彭屍骸，護帶其靈骨至廣東順德，拜見其母，奉還遺骨，並以百金相贈，始揮淚告別。

吳湯興祖籍蕉嶺縣，出身苗栗銅鑼灣望族，個性任俠豪爽；台灣民主國成立後，立即號召相擁響應抗日，在丘逢甲引薦下獲總統唐景崧授予「統台灣義民各軍關防」，率領義軍轉戰新竹附近各地，對抗南下日軍，在彰化八卦山戰役中陣亡，時年三十歲，其妻黃賢妹不久後亦投水自殺。

抗日烈士吳湯興

北白川宮親征

彰化城淪陷當天，日軍在辜顯榮的引導下，順勢佔領鹿港。九月一日，日軍推進至雲林（雲林斗六）、他里霧（雲林斗南），次日進駐大莆林（嘉義大林），與義軍反覆攻防，卻在九月十一日突然奉令中止南進，歸返彰化城。當時日本任命陸軍中將高島炳之助為台灣副總督，於九月十日抵基隆，乃木希典中將率領的第二師團亦於十一日抵基隆。十六日，高島司令官於台北登瀛書院成立南進軍司令部，並於二十一日訂下作戰計劃，決定兵分三路，進攻台南。

十月三日，北白川宮能久親王率近衛師團自彰化南下，向嘉義挺進。六日，經西螺，途中遭約千名義軍激烈抵抗，惱羞成怒的日軍在佔領區實施焦土政策，當時西螺市街大部分化為烏有，七日，續行攻佔土庫，土庫受害更為嚴重，市街被夷為平地，居民遭到屠殺，生靈塗炭，滿目瘡痍。

近衛師團登陸

當天，日軍以一營兵力進攻距離嘉義二十公里處的斗六，當時稱為「他星霧」，義軍以七百人迎戰。第一次交戰時，日軍居於劣勢，後來獲得支援，才攻下斗六。但義軍二度還擊，日軍倉皇撤出，遺屍一百二十具，然後利用黑夜，發動奇襲，才真正攻佔斗六。

保鄉衛土，死而無憾

斗六失陷，日軍的下一個目標是距離嘉義十二公里的大林，當時稱為「大莆林」。大林的義軍領袖是簡精華，簡精華祖籍漳州府南靖縣，先祖簡拔於乾隆九年（一七四四）中舉，耕讀世家。簡精華繼承家業，以糖業致富，土地遍及雲、嘉地區內山一帶。光緒十四年，簡精華曾協助林朝棟平定彰化的施九緞抗清民變，立下軍功，而獲頒六品功牌。簡氏在地方人脈亨通，授命為總理，轄下四十餘莊，壯丁二千有餘，因待手下如手足，鄉民以「簡義」或「簡先爺」稱之。

台灣民主國成立時，六十歲的簡義接受雲林縣羅汝澤招募為義軍。八月底，簡精華見抗日軍死傷慘重，為避免當地生靈塗炭，決定向日軍投降。不料日軍竟然向簡精華要求獻出兩百位婦女，簡氏斷然拒絕。當日軍騎兵隊逼近大林時，不僅對男人施暴，又強拉婦女洩慾，簡氏家人亦有六十餘位婦女身受其害。簡精華因此號召六百名義軍，和日軍營級部隊交戰，打死日軍兩百七十六人。日軍動員大批砲兵和龐大部隊支援，付出慘重代價，才攻下大林。

另一位義軍領袖徐驤，亦在這次戰役中陣亡。徐驤，祖籍廣東蕉嶺，苗栗頭份人，能文能武，十八歲應試，獲生員功名，乙未戰爭之初，徐驤散盡家財，募勇參戰，與楊載雲、吳湯興所部共組「新苗軍」，在新竹一帶迎擊日軍。楊戴雲犠牲後，徐驤與吳湯興退守苗栗，轉戰台中等地，與劉永福的黑旗軍在大甲溪重創日軍。在防守曾文溪的戰役中，不幸陣亡，臨死前還大聲高呼：「大丈夫為國捐軀，死而無憾」，時年二十九歲。

嘉義陷落，統領出逃

日軍進佔大莆林後，於八日日落前進至打貓（嘉義民雄），黑旗軍統領楊洪泗陣亡，殘部退守嘉義。十月九日黎明，日軍於嘉義城外會師，上午十一時三十分左右，日軍數十門大砲同時砲轟嘉義城北東西各門，砲聲震天，天崩地裂，黑旗義軍拚死抵抗，到了下午二時左右，仍有黑旗等義軍手持長矛或大刀，在城牆上與日軍進行肉搏戰，但勝負大勢已決。這次戰役，日軍動用兵員約四千二百人，配置十五門大砲及十八門機關砲，因雙方實力相差懸殊，開戰後六小時即弭平嘉義，守軍統領劉步高倉皇出逃，黑旗義軍約三百人陣亡、四百餘人被俘。

第五節　乃木將軍的對手

三路圍攻台南

南部決戰是日軍弭平全島的最後一役。樺山資紀決定重新採用南、北夾擊的戰略，兵分三路：近衛師團由北白川宮親王指揮，集中全部兵力，推進到台南正面；伏見親王統領第四混成旅團一萬五千六百兵員，自基隆經海路集結澎湖，準備登陸布袋嘴；另一路由乃木中將率領第二師團一萬八千四百餘人，目標指向枋寮。

十月九日，澎湖附近佈滿日本船艦，由旗艦「吉野」號率領八艘戰艦，以及連兵船、補給船等，合計四十九艘。十月十日，在「吉野」等五艘軍艦的砲火掩護下，第二師團於上午七點五十分登陸枋寮。十一時，先由「濟遠」、「浪連」、「海門」三艘砲轟布袋嘴，展開登陸的序幕，下午兩點，砲火齊停，第四混成旅團登陸布袋嘴，完成由布袋嘴、枋寮、嘉義

乃木希典

三路圍攻台南的作戰佈置。

十月十一日，由師團長乃木希典中將率領的第二師團主力在枋寮登陸。在陳中和與王雪農的引導下，鳳山縣城、打狗港輕易地落入日軍之手。王氏後來進入陳中和的和興公司擔任雇員，長久為陳家工作。

侯西庚的首戰

但是在布袋嘴登陸的日軍，卻遭到愈來愈強的抵抗。乃木軍的第一個對手是侯西庚（一八五八—一九〇四），字瑞卿，嘉義六腳莊溪墘厝人。性慷慨，為鄉人所重。在樸仔腳（今之朴子）經營糖廠，薄有資產。

一八九五年九月初，在雲嘉山區以製糖業發跡的簡精華在大莆林（今嘉義大林）歸順日軍後，卻引來日軍對當地百姓的暴行。於是，簡精華接受駐守台南的抗日領袖劉永福的招撫，結合雲嘉地區的義士，進行鄉土保衛戰。當時侯西庚也起而響應。

當時譚少宗所率領的福字先鋒軍二營負責布袋嘴的守備，正營屯駐布袋口，由譚少宗親自指揮；副營屯駐東石港，由侯西庚指揮。

一八九五年十月十日上午，台灣副總督高島及伏見宮貞愛親王率領的第四旅團部隊約一萬二、三千人搭乘運輸船開抵布袋嘴，而駐守布袋嘴的抗日軍，卻在日軍上岸的前兩、三天，調走兩千人，赴援嘉義，僅剩兩、三百名，雙方實力相差，無異螳臂擋車。於是，侯西庚率駐屯東石港的福字先鋒副營五百名退走樸仔腳。十二日知獲一隊日軍正從布袋沿著今日的台十七線往東石港推進，遂於翌日拂曉，與民團一起襲擊東石港的日軍，打死日軍第四旅團的步兵十七聯隊軍曹金野德三郎及八名士兵。第二天，侯西庚眼見日援軍陸續抵達，只好退走。

侯西庚

二十日上午，日軍第二師團主力向二層行庄出發，鄭青在此結合數百名庄民向日軍進行數次襲擊，但忽然聽到劉永福已於前一天內渡大陸，便進行斷橋，退往高雄的大岡山一帶，伺機對日軍進行游擊。

侯西庚至此知事已無可為，遂解散部眾，放棄家產，告別妻子，潛渡廈門。

隱居數年後，台灣局勢稍定，日本殖民政府採取懷柔策略，他才復返故里，重整舊業。但日本統治者念念不忘侯西庚當年的抗日事跡，經常派憲兵來騷擾他，或搜其宅，或誣他為匪徒，他經營的糖廍亦被明治製糖會社所併吞。他因此憤恨成疾，於一九〇四年四月逝世。出殯時，朴子街民深感其恩德，沿路擺設香案予以弔祭。

「六堆」防衛系統

乃木軍在台灣最南端的枋寮登陸後，也遭到義軍的伏擊。尤其茄苳腳的客家義軍化整為零，潛伏民房，四處伏擊，登陸當天即打死日兵六百二十八人之多。迫使日兵直到第二天才完成登陸，再以海軍猛烈的砲火掩護，向台南推進。

早在康熙年間，南部客家各庄為防衛朱一貴攻打，便曾經組織義軍，將各庄布置為六個防衛隊（堆），包括中堆（今屏東縣竹田鄉）、前堆（今屏東縣長治、麟洛兩鄉）、後堆（今屏東縣內埔鄉）、左堆（今屏東縣佳冬、新埤兩鄉）、右堆（今屏東縣里港鄉武洛）、先鋒堆（今屏東縣萬巒鄉）及巡查營等保家衛鄉的防衛系統。

十日下午，日軍枋寮登陸部隊乘坐八重山軍艦與西京丸號，相繼從馬公港出發。六堆客家庄的各堆領袖得到消息，連夜趕到西勢忠義亭共商大計。最後決議以既有的六堆宗社為基礎，組織武裝民眾的聯合義軍，誓死抗戰，並推派長興庄的前堆總理邱鳳揚擔任大總理。各堆負責作戰的指揮（總理）推派完後，所有人馬宣誓起義之後，左堆總理蕭光明與副總理張阿庚、戴登壇便連夜趕回茄苳腳，防守第一線；其他各堆負責人也回到各自庄頭，俟機支援。

蕭家祖厝

乃木軍因此在茄苳腳遭遇到強烈的抵抗，尤其是在左堆蕭光明帶領的「步月樓之役」，更令日軍難以忘懷。蕭光明，屏東佳冬人。其祖父蕭達梅娶台南回民楊氏為妻，由廣東梅縣渡海來台；父親蕭清華因襄助李洸將軍撫番墾荒而聞名。

蕭光明（左）與蕭家古厝（右）

一八四一年，蕭光明生於台南府，青少年時期跟隨母舅從商，後在台南開設「蕭協興號」，經營米穀生意，獲利甚豐，逐漸累積財富，購置大批田產，奠定基業。一八六〇年，他請唐山師傅，從唐山進口建材，開始興建一棟佔地四千坪米，五堂六院，雙回字型的圍龍屋，具有客家民居所強調的內聚性與防禦功能，歷經三代才興建完成。

《警察沿革誌》載稱，茄苳腳位於枋寮、東港之間，日軍如果不能先占領此一戰略要地，則進不能入東港，退不能守枋寮。師團在其精銳第四聯隊第三中隊登陸後，立即命令它佔領茄苳腳，警戒東北方向。

日軍圍攻茄苳腳

十一日，日軍各艦開抵枋寮海域。上午七時，各部隊於是從開始陸續登陸。九時三十分，日軍第二師團一萬八千人於枋寮登陸完畢，隨即兵分三路進攻。

上午十時四十分，日軍第三中隊從登陸地點出發，前哨小隊到達下埔頭後，確認茄苳腳有義勇軍出沒，而且愈近愈多，於是分為兩部分，一半射擊前面的義軍，一半射擊右翼的村落，然後一起穿過水田，在距茄苳腳約六百米處，一齊向義勇軍射擊。義勇軍只有零星還擊。日軍進一步靠近，義軍的還擊逐漸猛烈，還發了榴彈。日軍第三中隊中隊長增派一個小隊，與前兩個小隊一起構成三梯隊，準備攻占茄苳腳的房屋。

茄苳腳是典型的防禦型聚落，有柵門、城牆、刺竹林等防衛設施。村落周圍築有高三、四公尺的胸牆，並在牆上開出槍眼，在牆的內側設有登牆用的三層台階。村落的房屋也很堅固，包括劉永福留置的四百兵士在內，守軍不下千人，戒備森嚴。

步月樓之役

在蕭光明的帶領下，六堆義軍用清軍留下來的軍火，鎮守四個主要柵門。日軍三個小隊抵達水田，前進到距左堆守軍三、四百米處，六堆義軍開始從槍眼猛烈射擊，並擊斃不少日軍。日軍開始調整隊形，進攻位於東柵門的步月樓。日軍繼續前進，第一小隊越過水深及腹的小溝，衝向步月樓旁的義軍的防禦堡壘，蕭光明率眾堅守步月樓。日軍必須經過步月樓門，才能進入茄苳腳。但義軍緊鎖其門，從裡面向外射擊，阻止日軍前進。第一小隊的兵士躲到牆下藏身；義軍又倒下熱水退敵。這時候，第二小隊也逼近義軍的堡壘，但同樣受到胸牆阻擋而無法前進。義軍的反擊猛烈，彈如雨下。日軍中隊長於是改派另一小隊突擊，但始終因不能前進，只能藏身於胸牆下子彈打不到的死角。

上午十一時二十分，正朝向塭仔新打港前進的日軍第四聯隊第一中隊，到達下寮時，聽到北面茄苳腳方向傳來激烈的槍聲，立刻轉向茄苳腳。他們到達距茄苳腳七百米處，看到第三中隊正在苦戰，馬上前進到距離軍堡壘五十米處，從右後翼猛攻。接著日軍又派第十二中隊增援，包圍義軍的左翼。由於義軍集中力量反擊日軍第三中隊，所以增援的這兩個中隊輕易地從左右兩翼突破，相繼衝進村內，放火焚燒，義軍連村中婦幼也投入戰鬥，最後，抵擋不住而敗走，午夜〇時三十分，日軍佔領了茄苳腳，戰役結束後，現場血肉模糊，慘不忍睹，史稱「步月樓之役」。

屏東縣佳冬鄉蕭家古厝的步月樓

據日本總督府《警察沿革誌》的記載，日軍一共有六百零四人參加這場戰鬥，戰死將校一人、士兵十四人、受傷五十七人；義軍則戰死八十餘人。

馬廄接待訪客

在戰鬥中，堅守東柵門的蕭光明次子，不幸壯烈犧牲；蕭光明三子蕭月祥率領大刀隊在南柵門迎戰日軍，也身受重傷，於戰役結束後不久去世。蕭光明與左堆副理張阿庚，隱藏在新埤張家水涵內，一個月之後，再由孫兒蕭信棟與蕭秀寬陪同，潛往廣東原鄉避難。四年後的一八九九年，事情平息後，才又返回佳冬。

蕭光明回到故鄉，日本當局竟尊稱他為「地方第一流紳士」，推舉他擔任「保甲長」；其後他又獲台灣總督府為「表彰島民中之有學識資望者」而頒授的紳章，以及日本明治天皇賜給的勛六等。

然而，漢民族意識強烈的蕭光明知道，這些都只是日本當局在殘酷的「血的掃蕩」之後，為了鞏固殖民統治而採取的攏絡手段。他一面經營釀酒和染布事業，再度成為受到地方民眾敬重的富豪；一面為了維護民族尊嚴，堅持不讓日本人進入「五堂蕭宅」，刻意將蕭家古厝的馬廄，改建為三層「洋樓」，作為招待日本訪客的場所。

第六節　台南陷落與親王之死

日軍登陸後，海軍艦艇齊把砲口轉向台南沿岸，為登陸軍轟平南進路線。但登陸軍仍然如其所料地遭到義軍強烈的反擊，尤其是在接近台南的「社子頭」、「鐵船橋」、「東石港」、「蕭壠」等地，義軍誓死如歸地抵抗，毫不退怯，使日軍尚未抵達台南已經死亡千餘名。第四混成旅團因此再度使用焦土戰術，所過村莊，一律夷為平地，對村民則是不分青紅皂白的屠殺，「蕭壠」全村居民被殺光殆盡，而被後人改稱為「消人」。

在台灣最南端的枋寮，乃木軍隊也遭到義軍的伏擊。茄苳腳的義軍化整為零，潛伏民房，四處伏擊，登陸當天即打死日兵六百二十八人之多。迫使日兵直到第二天才完成登陸，再以海軍猛烈的砲火掩護，向台南推進。

十月二十日，日軍第二師團和第四混成旅團已經推進到距台南十公里之處，近衛師團也抵達台南北面，完成南北夾擊之勢。

劉永福義行可風

在中法戰爭期間，台南守將劉永福曾經率領黑旗軍，數度擊敗法軍。一八九七年七月，清廷電諭閩浙總督譚鍾麟飭令南澳鎮總兵劉永福，酌帶兵勇協防台灣。當時劉永福舊部勁旅經過核裁，只存三百人，故劉永福新募粵勇兩營，於九月四日抵台灣台南。唐景崧認為：兩營不敷展布，商囑劉永福，派員回粵增募四營，於次年一月抵台。這六營黑旗軍，是因應戰爭需要，臨時招募，倉促成軍，且餉缺械舊，武器裝備訓練與日軍相較，宛如隔代。

《馬關條約》的和議既成，朝廷諭令文武各員內渡，六月七日台北為日軍佔領，唐景崧旋即遁返內地。在此極端惡劣的情勢下，劉永福仍續留台灣，率領所屬全力保台。

六月底，台南紳民再三推戴劉永福為總統，並呈上「台灣民主國總統之印」，但均為劉永福所拒。六月二十九日，劉永福在台南台灣鎮署旁的白龍庵，與台南仕紳歃血同盟，宣誓「永福成天命幫辦台，聞和議已成，遂終朝隕泣」，「改省為國，名為自主，仍隸清朝」，「為大清之臣，守大清之地，分內事也，萬死不辭」，「縱使片土之剩，一線之延，亦應保全，不令倭得！」

日軍佔領全台

民主國成立之初，劉永福為了籌募軍費，曾經發行公債、紙幣、郵票，承諾將來數倍還本，但是因為缺乏信用基礎，未獲民眾青睞，而陷入財政危機。當時張之洞數度欺騙他：「俄羅斯已經承認台灣獨立之地位」、「援軍不久即到」，但所有外援皆遲遲未至。在糧、械兩缺的狀況下，軍心已經潰散，現在兵臨城下，台南更是謠言四起，人心驚惶，許多富家紛紛攜家帶眷，逃往廈門。劉永福眼見大勢已去，於十月十九日，偕義子劉良成等十餘人，藉視察砲台之名到安平港，潛入英國輪船爹利士號（Thales），內渡廈門。

主帥一走，台南治安立刻陷入混亂，留下的清兵紛紛趁火打劫。地方仕紳為了保護無辜市民的身家性命，懇求英國牧師宋忠堅（Rev. Duncon Ferguson）、巴克禮（Rev. Thomas Barclay）偕仕紳陳修五等人出面，請日軍入城。十月二十日，兩位牧師在十九名護衛的陪同下，攜帶上百位仕紳具名的委託書前往交涉。翌日清晨，抵達日

劉永福

軍駐紮的二層行溪畔，會見領軍的日本將領乃木希典。十月二十一日，日軍陸續入城，形式上完成對全島的佔領。

當時，群集海口黑旗義軍有八千餘人，面對浩海大洋，無船可渡，日軍佔領台南安平後，他們有些人因為拒交武器而遭集體屠殺，有些人因為潛逃而遭捕殺，有些人不耐飢餓病痛而陳屍郊野，其倖存者不過五千一百餘人，日人將之集中安平港繳械。

北白川宮命喪南台

十月二十三日，樺山下令將投降的五千餘名清兵遣送回福建金門，然後致電日本報告台灣戰爭結束。當時日本有七個師團，為了征服台灣，動員兩個半師團，約五萬名，軍伕約兩萬六千名，占陸軍總數的三分之一強。海軍更投入聯合艦隊的半數。在作戰部隊離台返回的前兩天，十月二十八日，樺山總督突然接到北白川宮能久親王的死訊，而大為震驚！

台灣民間傳說，北白川宮在嘉義督戰時，跟隨扈騎馬到林投港，刺客突然躍出，揮舞中國傳統長柄掃刀，砍向親王，衛兵阻攔不及，北白川宮身中數刀，翻身落馬！

北白川宮是皇室親族，而且是未來台灣的統治人選之一，如此輕易地被台灣人刺殺，勢必引起極大震撼！

樺山總督接到惡報，認為如果實情洩漏，日軍顏面盡失，決定隱瞞北白川宮能久親王死訊，以北白川宮能久親王的弟弟伏見宮為替身，繼續南下。並發佈總督府公報宣稱，北白川宮死於瘧疾，詳細報導他的病情，以取信於人。

北白川宮能久親王被殺後，日軍展開大報復，不論男女老少，見當地人就斬殺，屍體拋入河中，一時血流成河，估計數千人被殺。北白川宮死亡的日期為十月二十八日，被日本人定為「國祭

喪生台灣的北白川宮能久親王

日」，全台灣放假一天，日本政府並決定在台灣建立神社，將北白川宮能久親王作為神來祭祀。

第七節　義軍包圍台北

台南淪陷後，日軍有效統治地區仍然限於城市、村莊及交通要道，對於廣大的山區依然鞭長莫及。樺山總督作夢也沒想到，台灣抗日志士竟然會在山區集結，密謀奪回台北城！

義軍密謀起義，這次計劃為首的三人，林李成原本以採砂金為業，總督府平定台灣之後，下令實施採砂金獨佔制度，對原砂金業者課徵重稅，原先自由採掘的行為變成盜採，有些不服憲警取締的業者竟被當場殺死，激發了林李成的抗日情緒。

在抗日史上留下大名的陳秋菊，曾任清朝官吏，為地方領袖人物。他先接受日方委派為地方官吏，但在日本官憲的歧視政策下，他卻和潛伏山區的林李成暗地互通，招集各地抗日志士，大家公推曾領導義軍轉戰各地的前清四品武官胡嘉猷為領袖，統一指揮，成為抗日史上第一個有組織的大兵團，並預謀在元旦當天，各地同時發難，奪回台北城。

十二月二十九日，二十五名日兵聞訊被派到北部頂溪（今名雙溪）山區搜索。集結在當地的數百名義軍見對方人少，而加以攻擊，暴露出義軍的隱密行動。集結各地的友軍不得不提前發難。

義軍首領陳秋菊

樺山親臨戰場

一八九五年十二月三十一日夜七時許，觀音山上的起火號大如斗，正是抗日義軍舉事的信號，台北三貂堡（今新北市的貢寮區、雙溪區）的林李成首先發難，收復頂雙溪（今新北市雙溪區）及三貂一帶。致使台北至宜蘭之交通，斷絕數日，當時起事的兩股主要勢力：一是新竹安平鎮（今桃園市平鎮區）胡嘉猷率領的義軍，從三角湧（今新北市三峽區）出發；一是台北陳秋菊率領的義軍，從大龍峒（今台北市大同區）出發，合力圍攻台北城，一時之間殺聲震地，烽火連天。夜晚中，群眾三千餘人，宛若上萬。

當時抗日義軍不只包圍了台北城，並且控制了附近的淡水、三峽、板橋、大溪等地，連宜蘭也被義軍包圍。他們計劃一舉顛覆台北省城的日軍，然後四出擊破各地日軍的屯軍。

總督樺山資紀自蒞台以來，從未親臨戰場，他從夢中驚醒，不得不親自督軍應戰。抗日義軍蜂擁而來，直攻台北南、東兩座城門。他們大多是「削竹為竿，捆草為牌」；手持傳統刀斧或陳舊步槍；日軍則是緊閉城門，依恃台北城的城垣，頻頻對群眾發射槍彈。台北城下的抗日義軍受阻於城牆，屢次使用攻城梯衝鋒，仍然無法攻進城內。由於城內兵士不多，樺山立即招集文官，編成後備隊。

元月一日士林芝山巖學務部小學教師楫取道明等六人，想來台北

學務官僚紀念碑

總督府慶祝元旦，同行到芝山巖時，遇到義軍，均遭斬首殺害。日人因此在當地建立「學務官僚遭難之碑」。錫口（今台北市松山區）警察署被焚毀，警官十三名全死。三角湧、坪林尾（新北市坪林區）、關渡等其他各處警察署，也多被焚毀。此日全市門戶緊閉，宛如戰時光景。

日軍焚城報復

當天駐防新竹的大批日軍趕到台北城外，跟城內的正規守軍內外一起夾擊抗日義軍。當時攻擊台北的義軍武器陳舊，但各地部隊默契極佳，團結一致，而且獲得各地民眾主動支援，或甚至加入抗戰。但是在日軍內外砲火猛烈攻擊下，終於不支，退入山區。

台北城解圍之後，日軍展開地毯式的搜索，將錫口（今松山機場）附近一帶的民房悉數燒毀，使抗日軍無所遁形。台北各市街憲警嚴行稽察，拏獲甚多。有當場殺害者，有監禁拷問者。各官署牢獄，都人滿為患。到夜間，乃漸次綁出斬殺。沿途呼哭，哀聲震耳。

總督府繼而調軍隊，搜捕台北附近的抗日份子，嚴懲偏山鄉村的居民，自觀音山第二峰至桃園南崁，延長數十公里，遇人則殺，遇屋則燒。深坑許多居民曾經參加抗日，日軍進入此地，立即封鎖出入口，將所有男人約兩百多名從民房中揪出，每五人一組，連結髮辮，集中在派出所廣場。經過嚴厲的盤查，沒有發現任何抗日證據，才予以釋放，民眾已經嚇破了膽，恍如隔世。

三峽許多民眾參加台北圍攻，日軍對三峽恨之入骨，在此進行全面性的搜索。但退居三峽的抗日軍獲報後即潛入山中，當地居民也紛紛走避。日軍抵達時，三峽已經變成空城，日軍毫無所獲，放火燒毀村莊後，再行離開。

日軍搜捕抗日義軍

宜蘭團圍日軍

十二月二十九日，義軍發難包圍台北城當天，同時也出兵圍攻宜蘭。在打死兩百名日軍之後，當地駐軍緊急向台北的司令部求援。但台北日軍正苦於自身難保，根本無計可施。宜蘭民眾對日人意圖獨佔砂金，而恨之入骨，被圍日軍無法突圍，又擔心城內民眾發生暴亂，因為兵糧殆盡，開始強徵民糧。在千鈞一髮之際，日本大本營派來的第七旅團適時登陸蘇澳，直搗宜蘭，一路搜索，對反抗者及持有兇器者，一律格殺勿論。元月十三日，先頭部隊進入宜蘭，十六日，主力部隊包括步、騎、砲兵同時發動攻擊，才解除宜蘭之圍。

日軍乘勢大肆搜捕抗日志士。在羅東強迫地方「有力人士」，自動檢舉抗日志士，否則一律格殺勿論。當地仕紳只好利用自己的僕傭，協助日軍揪出七十幾個抗日義士，而慘遭殺害。

這一次北部大規模的起義，因為陳秋菊曾經擔任清朝官吏，胡嘉猷向各地民眾發出的檄文又使用光緒年號，造成了一呼百諾的效果，而深為日本人所忌憚。事後在威嚇性搜捕中，被殺害的民眾多達一千五百人，燒毀房屋約一萬間。

第八節　更換統治模式

從乙未戰爭開始以來，日本國內報紙經常報導台灣戰事，但從一八九六年二月之後，報紙便很少披露這類訊息。大批日本商民開始移入台灣，希望藉由殖民母國的威勢，獲取經濟利益，日本政府因此在內閣設置拓務省，經管殖民地事務，並由陸軍中將高島丙之助出任拓務大臣。

領台之初，高島原本是副總督，攻略台南時，擔任近衛師團副團長。現在忽然高升為拓務大臣，可以直接號令樺山總督，樺山心結難解，遂於當年六月辭職，由桂太郎繼任總督。

桂太郎深受長州軍閥倚重，志在中央政府，對邊疆事務毫無興趣，在職三個多月，實際在台僅有十天，但離職後卻扶搖直上，不僅擔任陸軍大臣，後來還出任內閣總理。

桂太郎

「鐵國山」聚義抗暴

在新、舊任總督交接時，日軍一排在雲林山區被當地武裝集團圍殺，僅四人僥倖逃出，指揮官自殺。消息傳到斗六支廳，當地警備隊立刻急告台中駐軍，要求支援。

六月十四日，當地義軍招集各地抗日人士，成立「鐵國山抗日軍」，公推曾領導義軍的抗日英雄簡義為統帥，自封為九千歲；在鐵國山附近素有俠義之名的十七位抗義勇士，又以柯鐵虎為首，歃血為盟為十七天王，定年號為「天運」，發出檄文誓死反抗總督府統治。

六月十六日，由台中馳援的龐大日軍進入斗六，但鐵國山抗日軍已經避入深山。日軍發現兩天前兵敗自殺的隊長屍骨，斗六支廳長又誣指：「雲林地方，沒有良民」，「全部村莊，都是匪窟」，於是日軍實施焦土政策，將斗六及其附近五十五個村莊的四千三百戶民居燒毀，《台灣警察沿革誌》記載：「被殺害的民眾，無從計數」。

斗六支廳二度被圍

日軍的殘暴行為，激起了民眾的憤怒。鐵國山抗日軍藉著這股民氣，首先進佔林圮埔，當地日軍憲兵寡不敵眾，棄屍逃至斗六。斗六支廳再度被圍，民眾手持鐮刀，鋤頭，蜂擁進日軍陣地，日本守軍不支敗退，公務文件散落滿地。中南部抗日人士受到鼓舞，紛紛加入作戰。進入七月，南下的抗日軍繼林圮埔、斗六之後，又攻下他里霧和大莆林；北上的一支則逼近彰化，另一隊約三百名攻入台中，一時彰化到嘉義間，日軍銷聲匿跡，遭到空前的慘敗。

這時以溫水溪上游蕃子山為根據地的黃國鎮，也加入了抗日作戰。黃國鎮本為南部抗日志士，乃木師團登陸枋寮時，黃國鎮挫而不餒，退守溫水溪與十一名好漢歃血為盟，號稱「十二虎」。鐵國山抗日軍發難後，黃國鎮決定轉守為攻，於七月十日率領八百義軍攻打嘉義。可惜有台奸密告，日軍早就有所準備，裝備簡陋的黃國鎮軍徹夜猛攻不下，次日清晨不得不鳴金收兵，撤回溫水溪。

雲林屠殺事件

鐵國山抗日軍浩大的聲勢，不過維持二十幾日。及至日軍調來龐大部隊，以強大的火力步步逼近，七月十日，大莆林及他里霧首先失陷；十三日，斗六再度淪為廢墟，街上遺屍遍地；次日，林圮埔陷落；十八日，日軍進剿鐵國山基地，簡義及柯鐵率殘部逃入深山，從此一蹶不振。

雲林大屠殺是鐵國山事件擴大的主因，當時台灣高等法院院長高野孟矩，針對這個官逼民反的悲劇，提出嚴厲的批判，認為「真正的匪徒，不過十之二、三」，斗六廳長的惡意謊報，造成骨肉離散，家園被毀，流離失所，三餐無著，不得不加入匪徒群中，結果適得其反，剿匪戰爭造成了社會更大的動亂。

高野孟矩

在中國發行的英國報紙披露雲林屠殺事件，立刻傳遍全球，國際輿論交相指責，身在東京的總督桂太郎接到事件始末的報告，暴跳如雷，下令將斗六廳長革職，永不錄用。日本本國以天皇及皇后名義贈送災民慰問金三千圓，並派遣民政官員調查被害狀況，總督府另外撥款二萬餘圓，作為民房的重建補償，每一戶平均得到五圓。

三段警備制度

桂太郎擔任台灣總督僅三個半月，其繼任是乃木希典將軍，乃木將軍毫無政治野心，對總督職務也不感興趣，任陸軍省次官兒玉源太郎再三敦促，才勉強接下此一燙手山芋。

當時從本國來的日本移民，經常擺出戰勝國子民的姿態；日本官吏更是以統治階級自居，作威作福，政風敗壞。乃木將軍為人清廉正直，上任後以清除敗類，端正官箴作為首要之務，但卻經常受到屬下的杯葛與制肘。

日軍佔領台南後，即宣布實施軍政，專以軍隊暴力掃蕩全島各地的抗日義民力量。乃木希典就任總督之後，把軍政改為

日軍鎮壓台灣人民

民政，採取所謂「三段警備制度」；在抗日勢力活躍的山地邊緣地區，繼續以軍隊掃蕩；在抗日勢力稍稍平息的平原僻地，即以憲兵鎮壓；在治安穩定的平地市街，則以警察負責警備。

台灣賣給法國？

然而，依照過去的經驗，日軍必須以懸殊的兵力，才能掃蕩抗日軍，如今憲兵與警察分庭抗禮，軍政雙方互相推諉經常發生摩擦，掃蕩威力減弱，抗日義軍仍然在台灣各地山區神出鬼沒，襲擊派出所，愚弄日警。

依照《馬關條約》第五條，一八九七年五月八日是台灣人選擇國籍的最後期限，台灣人必須選擇做日本人或返回大陸，台灣北部的抗日軍卻選擇在當天零時發難。下午兩點，義軍先鋒隊在大稻埕與日軍交火，日軍先前已經從台灣人爪牙獲得情報，而故意拉長戰線，雙方激戰六個小時，仍然無法突破城牆防線，在日軍強大火力壓制下，義軍只好鳴金收兵，退回山區。但陳秋菊騎著白馬，英姿勃勃的形象，卻已經深入人心。

日本佔領台灣已經三年，軍費消耗驚人，有效控制地區只限於城鎮，中、南部不斷發生動亂，連台北都會受到抗日軍攻擊，日本國內與論交相指責總督府無能。本國財政為台灣拖累，一八九七年台灣總督府預算的半數還要仰賴本國政府挹注。因此有人主張：乾脆以一億日圓將台灣賣給法國！

乃木總督被解職

導致乃木總督去職的直接原因是他剛正不阿的性格。乃木為了肅清貪污，重用在雲林事件中反對濫殺無辜的台灣高等法院院長高野孟矩。高野以建立司法獨立為職志，他在全島各地展開整頓官紀的工作，對於任何官商勾結的不法案件，只要證據齊全，不論日人或台灣人，都一律收押，秉公處理。許多官員因此下台，連樺山總督留下的民政長官水野，也遭到革職的命運。

水野是總督府的第二號人物，權力之大，僅次於總督。松方內閣知悉後，不但

推動「三段警脩制」的乃木總督

不支持乃木的清廉政策，反而以總督府威信為藉口，開革高野院長。高野起初堅不辭職，在上級強大壓力下，終於憤然離去。消息傳出後，自由派知識份子坂桓退助交相譴責松方內閣，以行政權干預司法權，嚴重違憲，導致內閣改組。

一八九八年元月，乃木在台灣中南部視察途中，突接中央急電，令召回國。二月，他與第三次組閣的伊藤博文、陸軍大臣桂太郎及財相井上馨長時間會談後，翌日即接受「依願免除總督職務」。

第四章　被修理的台灣

兒玉源太郎是明治維新初期將日本陸軍現代化的軍政專家，他擔任台灣總督的時間長達八年六個月。一九〇〇年十二月，他又被任命為伊藤內閣的陸軍大臣。一九〇三年七月桂太郎組閣時，再度入閣擔任內務大臣，並兼任文部大臣。日俄關係惡化時，他辭去內務大臣，轉任軍職的參謀本部次長。日俄戰爭爆發後，即到遼東半島，擔任滿洲軍總參謀長。由於長期不在台灣，兒玉變成「缺席的總督」，民政長官後藤新平也成為這段時間台灣的實際統治者。

獨派修改歷史課綱的重要主張之一，是歷史教科書只能談「日治」，不能談「日據」，而日據時期「治理」台灣的主要代表，就是後藤新平。然而，嚴格說來，後藤新平的「治績」，其實是在「修理」台灣，而不是「治理」。要說明這一點，必要先了解後藤新平這個人。

第一節　後藤新平的「治台策略」

後藤新平（一八五七—一九二九）出生於日本陸奥國膽澤郡（今岩手縣奧州市），父親是封建諸侯留守家的低階武士，表叔公高野長英則是明治維新的名臣。他在少年時期知道自身與高野的關係，即「以高野長英自許」，但因家中經濟不寬裕，所以接受長輩阿川光裕的建議和資助，到福島的須賀川醫學校就讀。畢業後，進入內務省衛生局服務，之後又到德國留學兩年，回國後，一八九二年升任衛生局長。

鴉片「漸禁論」

在升任衛生局長之前，一八九〇年，後藤出版他的第一本著作《國家衛生原理》，主張人類是處在「弱肉強食、適者生存」之激烈生存競爭中的一種生物。想要追求「生理上的圓滿」，卻不知其方法的人，即是患者，是不知文明為何物的無知國民。做為國家理性的絕對體現者，即君臨百姓的「主權者」或「統治者」，是醫生，譬如明治時期的國家官員，他們擔負著文明化的使命。因為人類或國家具有適應所處環境的「慣習」，國家官員施政，必須像醫生那樣，重視患者的病狀和體力，才能對症下藥。

台灣割讓給日本後，對滿清留下的鴉片問題，曾經引起日本國內的熱烈討論。有人主張「嚴禁論」，也有人提出「非禁論」。一八九五年，後藤新平以他所主張的「生物學原理」為基礎，提出〈台灣島阿片施行意見書〉，主張「漸禁論」，深得當局的賞識。所謂鴉片漸禁政策，是規定吸食鴉片者必須先經醫師診斷，發給許可證後，再向持有牌照的零售商採購，同時以禁止稅的名義，課以高稅率，以達到逐年減少吸食鴉片人口的目標。

在文章中，他向日本當局指出，日本在台灣每年鴉片進口稅達到每年八十萬兩，假設日本能壟斷鴉片事業，禁止他國進口，則此收入將提升到每年一百六十萬兩。

因為鴉片專賣有極龐大的利益，將擁有此種厚利特權的大盤商、零售商，以專賣制度規劃給各地協助日本對付義民軍的御用紳士，作為犒賞，可以收買人心。如此一來，吸食鴉片的人數可以獲得控制，專賣利益可以增加日本殖民政府的收入，

日本民政長官後藤新平

又可以吸引許多想分一杯羹的人，使他們成為義民軍的告密者，快速消滅台灣義民軍，一舉數得，達到「以台制台」的目的。後藤的如意算盤，受到日本朝野的矚目。

一八九七年一月，伊藤博文內閣便依後藤的主張，頒布〈台灣阿片令〉，建立台灣獨有的鴉片專賣制度。這篇報告書成為後藤新平與台灣歷史結緣的契機，也是他日後飛黃騰達的重要關鍵。

生物學原則

中日甲午戰爭爆發時，後藤擔任日軍檢疫局長官，結識當時國防次長兼任軍務長官的兒玉源太郎。戰爭結束後，任兒玉中將的事務官長。一八九八年二月，兒玉被任命為台灣第四任總督，他提拔後藤新平做為副手，當民政局長（後稱民政長官）。新官就任，新聞界循例訪問後藤，希望他發表新的施政方針。

後藤回答說：「一個良好的政策，要徹底了解台灣的情形之後，才能制訂出來。我現在連調查都沒有完成，哪來的新政策？無可奉告。」他的長官兒玉援先例，想發表到任談話，囑咐他擬稿，後藤也稟告：「空洞的報告，不說較好。」這種「沒有政策的政策」正是後藤的厲害之處。

後藤接任民政長官之前，曾發表〈台灣統治急救案〉，強調台灣行政中最迫切之要項，為了解原存於島上之自治行政慣習。文中指出：滿清政府把台灣當做「化外之民」，放任不管，台灣的自治反而特別發達。其警察、司法、稅金等「自治之慣習」，雖然與近代化之制度有異，卻已行之有年。

他因此而提出「生物學政治論」之殖民政策：「治理台灣的方式，絕對不能把日本成功的經驗套在台灣人民身上。我們以生物學上的比目魚為例，比目魚的兩眼長在身體的同一邊。若一定要把比目魚的眼睛改裝在身體的兩邊，那就是違反了生物學的原則。在政治上亦同。我們必須先了解台灣人的習性，依據其習性，定出一套有效的管理辦法。」

因此，他在致兒玉總督的備忘錄上提出：「在目前科學進步之下，殖民地行政計劃，必須根據生物學的原則，也就是要發展農業、工業、衛生、教育、交通、警察。如果以上各項能夠完成，我們就可以在生存競爭中獲得保全及勝利。」

後藤掌權後，就根據他的「生物學原則」，設立社會科學調查機關「臨時台灣舊慣調查會」，進行地籍調查和人籍調查，再依據所得的報告設計治台方針及相關法律。這種做法對消滅台灣義民軍（日人稱為「土匪」）的反抗，發揮了極大的作用。

「以台治台」的上策

後藤出任台灣民政長官時面臨的第一個挑戰，是如何消滅活躍於台灣各地的「土匪」（抗日義民軍）。後藤在衛生局長任內，為了在殖民地施行鴉片專賣政策，刻意安排他的親信阿川光裕，先行赴台，佈置鴉片專賣事宜。阿川光裕最先被安排在總督府總務部衛生課，後來職稱改為民政局地方課長，實際上的工作，是充當「鴉片警察」，到全島各地，偵察「土人」（日本人口中的台灣人）吸食鴉片的情形，並暗查「土匪」（台灣的抗日義民）的情況。

後藤新平一到台灣，阿川即向他獻策，要起用辜顯榮，來鎮壓抗日「匪徒」，這是「以台治台」的最好方法。老謀深算的阿川指出，「土人」之中，最好利誘的人，就是辜顯榮。依他的調查，辜顯榮於一八六六年生於彰化郡鹿港街；一八九五年五月，日軍登陸台灣時，辜率先到基隆水返腳（今之汐止），歡迎「皇軍」，並引導日軍，進入台北城。同年八月，他追隨北白川宮能久親王，率領近衛師團南進，協助鎮壓抗日。

「心胸磊落」為主子效命

日軍佔領台灣後，雲林人柯鐵虎和劉永福舊屬簡義，於雲林大坪頂建立「鐵國山」抗日基地，頑強抵抗日軍，成為台灣中部最主要的武裝抗日力量。一八九五年十一月，日軍進攻斗六，辜顯榮聽從日軍的授命，回鹿港為日軍籌軍糧。當日軍攻擊雲林的抗日軍時，辜顯榮又受命回鹿港，組織由保甲壯丁團改編而成的「別動隊」一千人，討伐抗日義民軍。

次年六月，柯鐵虎和簡義率領鐵國山義民軍六百餘人襲擊林圮埔日本憲兵屯所，並以迅雷不及掩耳的突擊戰，猛攻雲林縣治斗六街的日本守軍，竟使日軍倉皇敗退。義民軍攻克斗六街的消息傳出後，台中、彰化、嘉義等地義民皆聞風蜂起，到處襲擊日本守備隊，並佔領憲兵屯所，連辜顯榮所組的「別動隊」也倒戈向日軍開槍。七月初，台中的第二旅團司令部派出「討伐隊」，強力掃蕩，所到之處，民房幾乎全被焚毀，百姓更是橫屍遍地。辜看情勢逆轉，更加賣力為日本人效勞，最後抗日派首領簡義，被他說服投降。

乃木總督時代，鐵腕整飭政風。一八九八年一月二十六日，辜顯榮因「刑事嫌疑」，被收押於台中監獄。乃木下台後的三月二十五日，辜顯榮獲免起訴出獄。三天後，三月二十八日，後藤新平來台，就任民政長官，並聽從阿川的建議，派遣翻譯官白井新太郎到鹿港，傳喚辜北上，赴官邸拜見後藤。辜為日本賣命賣力，被台灣民眾指指點點，結果竟然被日本當局以「刑事嫌疑犯」繫獄監禁，因此推辭不願意再為日方效勞。後藤告訴辜，自己在赴台之前，也曾經因為牽涉相馬子爵家的財產繼承案，而入獄半年，勸他要「心胸磊落」。辜聽了後藤的話，隨即表示釋懷，願繼續為長官效勞。

糖飴與鞭子

後藤根據他的經驗，指出台灣人性格上的三個弱點，從而提出他的「治台三策」：

一、台灣人怕死，要用高壓手段威嚇。

二、台灣人愛錢，可以用小利誘惑。

三、台灣人重視面子，可以用虛名籠絡。

基於這樣的見解，後藤新平擬訂了「糖飴與鞭子」的治台政策：一方面用「保甲制度」穩固統治基礎，一方面頒布「匪徒刑罰令」鎮壓義民；同時規劃台灣經濟開發和現代化建

以「糖飴與鞭子」治台的後藤新平

設。

他認為：台灣的抗日義軍，就像中國小說《水滸傳》中的梁山泊，其治理方式必須「剿撫並用」，不能只依靠武力，應當先從「保甲制度」談起。「保甲制度」原先為宋朝王安石所創，延用至清朝。這是一種包辦性地方組織，賦予鄰保連坐責任，十戶立一牌頭，十牌立一甲長，十甲立一保正。清廷引進台灣後，劉銘傳再加以整修運用，替清朝政府包辦有關地方治安、戶口、稅收等行政工作。

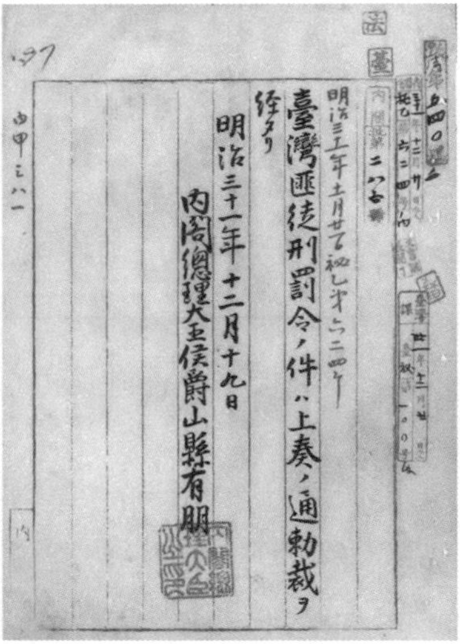
臺灣匪徒刑罰令ノ件ハ上奏ノ通勅裁ヲ経タリ
明治三十一年十二月十九日
内閣總理大臣侯爵山縣有朋

匪徒刑罰令

日本並沒有實施保甲制度。後藤聽從辜顯榮的建議，一八九八年六月，由總督府公布「保甲條例」，擴充舊有的機能，在保甲之下，另設「壯丁團」，使其成為統治台灣最基層的機構，輔助殖民政府的警察，「以連帶責任，保持地方安寧」。他們的工作不僅只是整理戶口、監視百姓、糾察犯人，還要催繳稅捐、攤派勞役、預防疾病、清掃街道等等。所有的保正、甲長、牌頭及壯丁，一律屬於義務工作，不支薪，也不設辦公所，但保正卻享有販售專賣品的特權。

鴉片專賣制度

日本政府在台灣販售的主要專賣品之一，就是鴉片。一八九五年日本在台灣發布「台灣人民軍事犯處分令」，規範的事項都屬於妨礙日軍的行為，所有罪名均為唯一死刑，僅教唆、從犯或未遂犯得酌減，且審判程序交由軍事會議或總督府民政局執行，十分草率。其中規定：若有台灣人民將鴉片或是吸食鴉片器具交給日軍或軍眷者，處死刑。當年僅有二十二萬人吸食鴉片，佔總人口數八％。一八九六年一月二十三日以後，禁止從外國進口鴉片，鴉片專賣成為殖民政府收入最大的財源，直到一九〇五年，樟腦專賣的獲利才首度超過鴉片。九一八事變之後，日本軍國主義頭子東條英機更深入大陸熱河一帶，用錢慫恿中國農民種植鴉片，銷售到台灣。據統計，到一九四五年日本投降為止，台灣吸食鴉片總人口數超過五百萬人。

由此可見，日本當局對鴉片所抱持的態度：放任台灣人保有其「舊慣」，可以吸食鴉片，因為那是大日本帝國稅收的重要來源。但日本軍人或軍眷卻不得吸食，以免失去戰力。一旦吸食被發現，受處罰的竟然還是台灣人！

第二節　後藤的「歸順政策」

「保甲制度」是利用台灣人「愛面子」的心理，「專賣制度」則是引誘台灣士紳的「糖飴」，達到「以台制台」的目的。在「鞭子」方面，後藤上任後不久，即由台灣總督府公布「匪徒刑罰令」，授權軍警依「法」殘殺抗日義士，同時又利用各地的御用紳士，以「歸順政策」對付義軍。願意歸順者在提出「歸順嘆願書」及「歸順者名簿」後，必須集中武器以備驗收，總督府即可分派公路開鑿工作，並發給「生業補助金」。

前文提到，一八九五年十一月，乙未戰爭結束，總督府宣布「全島平定」，北部各地十餘支義民軍領袖即約定於十二月三十一日除夕，以大屯山上舉火為號，各自統領數百或數千人，一起行動，在翌日元旦會攻台北城。不料事機不密，日軍獲悉後，立即先發制人，派出大批軍警追擊。在雙方裝備懸殊的情況下，義民軍傷亡慘重，各路義民軍遁入山區。簡大獅等人結集抗日戰士一千餘人，在大屯山一帶，進行游擊戰，使駐紮在此一地區的日本憲兵警察不得安寧。

一八九八年七月，新店文山堡的陳秋菊和宜蘭的林火旺在「歸順政策」的誘惑之下，分別帶領屬下一千二百餘人及三百餘人出席「歸順典禮」；汐止的盧錦春也會見台北縣知事，辦理投降手續。簡大獅在總督府通譯官谷信近的勸誘下，十月八日，終於率領屬下六百餘人，出席在士林舉行的「歸順典禮」。民政長官後藤新平親臨印證，並以開鑿從士林至金包里的公路為名目，發給三萬圓補助金。

林火旺與林李成之死

後藤每次受降，除了接受武器和兵員名冊之外，一定邀集所有降員一起攝影留念，名為「留念」，其實是裝訂成冊，可以掌握這些人的動態。

果然不出所料，歸順者中，第一個反悔的人，就是宜蘭的林火旺。他在「歸順」後，雖然獲得一筆創業基金，可以承包各種工事，但卻不願仰承日本人鼻息，而潛入山中，與剛從大陸潛回台灣的林李成聯手，再度高舉抗日義旗。

日軍採取封鎖回堵的戰術，派兵駐守所有通道，嚴禁附近居民入山，防止糧食流入山中，抗日軍留下的照片底冊又在日軍手中，根本無法下山取食糧。林火旺的部下無法忍受飢餓的煎熬，紛紛下山投降。最後留下林火旺帶著十一歲的兒子，在投奔礁溪友人途中，被日警發現，經過激烈的格鬥後被捕，而於一九〇〇年被總督府明令槍斃，結束他慷慨悲壯的一生。

從大陸潛逃回台的林李成，也無法突破這樣的困境，兩年後的十月，他在山中被追逐的日軍亂槍打死。

簡大獅的自白

簡大獅早期曾率領大批部下，響應陳秋菊的抗日運動，親手打死不少日本兵，一家大小也都死在日本人手中。當時活躍於台灣各地的義勇軍中，北部的簡大獅、中部的柯鐵虎和南部的林少貓併稱「抗日三猛」。

簡大獅本名簡忠誥，祖籍福建省漳州府南靖縣。其父親出身卑微，連土地都沒有，因此南渡台灣。簡大獅年輕時回南靖掃墓祭祖，並在當地練習武術，在與人比賽，遂將宗祠門口的石獅子舉起來繞行鄉里，眾人稱他「氣力大過石獅」，於是為簡取號為「大獅」，從此以簡大獅三字知名並憑藉天生的蠻力，得進入叭哩沙（今宜蘭三星）土豪陳輝煌的勇營擔任兵勇。

在一八九五年日軍入侵台灣，到處燒殺淫虐，簡大獅家人多人受害，後來他寫給清廷的自白書中說：「日人無理，屢次去我家尋衅，且被姦淫妻女。我妻死之，我妹死之，我母與嫂又死之！一家十餘口，僅存子姪數人，又被殺死。」與日寇有不共戴天之仇，乃率軍出入今台北金山的金包里與今陽明山系的大屯山中，伺機襲擊日軍。

於十月下旬，日軍佔領台南後，宣佈「全島平定」。但具有民族意識的志士，不願在日人的統治下生活。明知其不可為，仍然不惜犧牲性命來發動對日抗戰。前清秀才林李成等因此聯絡簡大獅，各地義民軍領袖共推前清四品武官胡嘉猷負責總指揮，約定以該年十二月三十一日除夕（日本過年）夜起義。簡大獅率部一千餘人，與眾義軍約定以大屯山與觀音山的山頂舉火為號，各路一起行動，約定在一八九六元旦日以武力奪回台北城。失敗後，退據山中。其後數年又轉戰於金包里、石門、竹子湖等地，皆因寡不敵眾，缺糧少餉，既無後援糧餉，武器又不如對方，而敗退回大屯山中。

屢蹼屢起

一八九八年日本民政長官後藤新平一方面以「三段警備制」圍困在山裡的抗日義軍；一方面又以利誘勸誘招安。簡大獅迫於形勢，於九月向日方「歸順」，親率六百人下山參加在士林芝山岩舉行之歸順典禮，由後藤新平且親自主持。簡大獅所部歸順後，暫從事士林往金包里之道路工程，但他對日方之承諾並不信任，「歸順」一個多月，便對日本警察的蠻橫凶暴極度憤慨，而秘密聯絡仍在山中堅持抗日的義軍，並發檄文給已降敵的舊日同伴，準備在十二月十一日再度起義。

可惜事機不密，日本當局獲悉後，決定先發制人，於十日派遣軍警部隊攻佔燒坑寮，大肆搜捕、燒掠。簡大獅左足受傷，退守金包里。仍會同九名屬下分別領兵，攻擊優勢兵力的日軍，從當天上午六點開戰到下午一點。在陽明山系的七星山一帶展開激戰，數小時後，義軍逐漸退散，最終軍敗，簡大獅乃從七星山的間道，與親信陳西外一夜逃至金包里，再輾轉逃到廈門。翌年二月，日本政府要求廈門當局將他逮捕歸案。

莫忘台灣簡大獅

當時後藤新平視簡大獅為心腹大患，必欲剷除而後快，乃根據一八九五年中日《馬關條約》第五條，兩年內未遷出台灣的台人可視為日本臣民，要求清廷引渡簡大獅回台受審。清廷竟然接受此一請求，逮捕了簡大獅。

簡大獅在廈門受審時，寫了一份自白書：「我簡大獅係台灣清國之民，皇上不得已以台地割於日人」、「自台灣歸日，大小官員內渡一空，無一人敢出手倡義。唯我一介小民，猶能聚眾萬餘，血戰百次，自謂無負於清。去年大勢既敗，逃竄至漳，猶是歸化清朝，願為子民。漳州道府既為清朝官員，理應保護清朝百姓。然今事已至此，空言無補。唯望開恩，將余杖斃，生為大清之民，死作大清之鬼，猶感大德，千萬勿交日人，死亦不能瞑目！」

簡大獅

這份自白書真是一字一淚，道盡當年台灣抗日志士作為「亡國之民」的悲痛。然而，昏庸的清廷卻無動於衷，依舊將簡大獅送交日本，而於一九〇〇年三月二十二日在台北監獄被日本殖民政府以絞刑處死，寫下台灣抗日史極為悲壯的一頁。

簡大獅死時才三十歲。當時進士錢振鍠寫詩哀悼「痛絕英雄瀝血時，海潮山湧泣蛟螭，他年國史傳忠義，莫忘台灣簡大獅。」至今台北三芝仍有簡大獅廟，供後人憑弔。

歸順式慘案

後藤新平對付抗日義勇軍領袖柯鐵虎和林少貓的手段，更有過之而無不及。他先分別接受他們所提出的投降條件，准許他們保有自己的武力，再跟他們分別簽訂協議，劃定界線，互不侵犯，讓抗日義勇隊暴露出行蹤，並疏於防範。

一九〇二年，柯鐵虎病死後，後藤先動員西螺區長廖璟琛、勞水坑區長張水清等御用紳士出面，向柯鐵虎的部屬勸降，答應他們，只要交出武器，即可回家當良民，既往不咎，並於五月二十五日，分別在斗六、林圮埔、崁頭厝、土庫、他裡霧、下瀾口六處，同時舉行「歸順式」。義軍交出武器後，典禮完畢，日本官員簡略致辭後即退場，而由武裝

抗日三猛柯鐵虎

警官下令埋伏的日軍，以機槍開始掃射，掃射畢，再執武士刀入場，尚有存活者，一律予以劈殺。一時之間，鬼哭神號，抗日人士吼叫怒罵，鮮血四射，哀號不絕。二十分鐘後，現場回覆寧靜，到處都是血肉模糊的死屍和散落四處的椅子。當天死於各地典禮會場的義民軍戰士多達二百六十人，史稱「歸順式慘案」。第二天，連出面誘降的御用紳士廖璟琛、張水清等十五人，也以通諜的罪名，全部被槍斃。

第二天，日軍趁勢向山地進軍。由於主要抗日幹部已經惡數就戮，日軍很順利地攻進番子山、溫水溪的抗日據點，六月間殺死涉嫌者三百九十名，七月殺死一百五十五名，八月一百一十四名。討伐行動結束，中部的抗日勢力也從此煙消雲散。

林少貓的開墾區

林少貓世居屏東城外，以經營碾米廠為業。台灣民主國成立時，劉永福奉令鎮守台南，林少貓號召數百子弟，投入黑旗軍麾下，轉戰於苗栗、彰化各地，並在大林莆之役中重創日軍。台灣民主國失敗後，劉永福東渡大陸，林少貓率部在南台灣山地打游擊。他軍紀嚴明，足智多謀，神出鬼沒，驍勇善戰，日軍無法掌握其蹤跡，而感到頭痛萬分。後藤先透過地方士紳，誘騙林少貓與日方簽訂協議，接受林少貓開出的十個條件，劃後壁林為林少貓的開墾區，彼此互不侵犯。

林少貓當時年僅三十四歲，他為人行俠仗義，南部及附近的豪傑之士聞訊都紛紛前來投靠，他把這些人安置在開墾區內，在後壁林開發出良田數百公頃，又設置製糖工廠、釀酒廠，也插手漁業，成為富甲一方的富翁。他們在住宅區四周建築高牆，像是一座城堡，堡內居住數百人。林少貓儼然像一城之主，他從未依「歸順」規定，定期到鳳山官署報到，日方也未向他的開墾事業課稅。

這種現象當然不能見容於後藤新平的中央集權構想，日本人也始終視之心腹大患，必欲除之而後快。「歸順式慘案」發生後的第二天，日軍即以「營房發生傳染病，必須消毒」作為藉口，將大批部隊由鳳山調到後壁林。

後壁林之役

林少貓雖然覺察情況有異，暗中叫人戒備。可是一九〇二年五月三十日，日本軍警在後藤的嚴密佈置下，乘林少貓跟附日仕紳商談的時候，攻入後壁林，大肆燒殺，林少貓的部隊跟日軍展開英勇的肉搏戰，然而，在日軍砲火猛烈的攻擊下，步兵和工兵湧進市街，後壁林天空為煙火所籠罩，林少貓當場戰死，家中無論男女老幼，皆無法倖免於難。接著日軍又在鄰近鄉村進行數日之捕殺，死亡人數多達三二○人，史稱「後壁林之役」。

自林少貓在高雄後壁林戰死的那一天，總督府宣布：「全島治安完全回復」。後藤新平自己承認：自一八九七至一九○二年的六年間，被逮捕的「土匪」有八○三○人，其中有三四七三人依「法」被處死刑；另外有四○四三人則是以未經法律程序的「臨時處分」而遭到殺戮。此外，根據東鄉實和佐藤四郎一九一六年合著的《台灣殖民發達史》，自一八九八至一九○二年的五年間，經由「匪徒刑罰令」而處死者，有二九九八人，未經法律程序而被殺戮者，則多達一

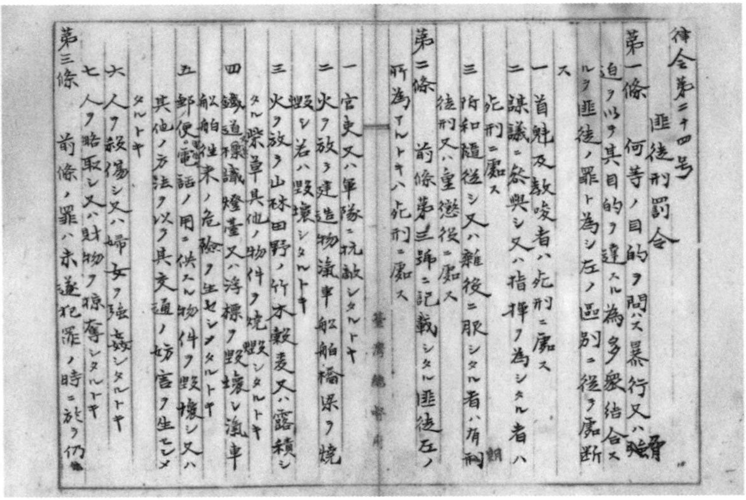
律令第二十四号
匪徒刑罰令
第一條 何等ノ目的ヲ問ハス暴行又ハ脅迫ヲ以テ其目的ヲ達スル為多衆結合スルヲ匪徒ノ罪ト為シ左ノ區別ニ從テ處斷ス
一 首魁及教唆者ハ死刑ニ處ス
二 謀議ニ參與シ又ハ指揮ヲ為シタル者ハ死刑ニ處ス
三 附和隨從シ又ハ雜役ニ服シタル者ハ有期徒刑又ハ重懲役ニ處ス
第二條 前條第三號ニ記載シタル匪徒左ノ所為アルトキハ死刑ニ處ス
一 官吏又ハ軍隊ニ抗敵シタルトキ
二 火ヲ放チ建造物汽車船舶橋梁ヲ燒燬シ若ハ毀壞シタルトキ
三 火ヲ放チ山林田野ノ竹木穀麥又ハ露積シタル柴草其他ノ物件ヲ燒燬シタルトキ
四 鐵道又ハ其標識燈臺又ハ浮標ヲ毀壞シ汽車船舶往來ノ危險ヲ生セシメタルトキ
五 郵便電信及電話ノ用ニ供スル物件ヲ毀壞シ又ハ其他ノ方法ヲ以テ其交通ノ妨害ヲ生セシメタルトキ
六 人ヲ殺傷シ又ハ婦女ヲ強姦シタルトキ
七 人ヲ略取シ又ハ財物ヲ掠奪シタルトキ
第三條 前條ノ罪ハ未遂犯罪ノ時ニ於テ仍[illegible]

匪徒刑罰令

〇九五〇人。後藤整治台灣之心狠手辣，由此可見一斑！

第三節　後藤新平的政績

主張「生物學原理」的後藤新平在台灣推動政務，和他以「糖飴和鞭子」政策消滅抗日義勇軍一樣，也呈現出高度的精準和效率。他上任不久，即於一八九八年公布「台灣地籍規則」及「台灣土地調查規則」，並設立「臨時台灣土地調查局」。調查的結果清理出總耕地面積六十一萬九千甲，比清代劉銘傳丈量土地時的三十六萬一千甲，增加了七一％；地租稅收也從九十二萬圓提高至二九八萬圓，增加了三・七二倍，奠定了總督府財政充裕的基礎。

「南進政策」的準備

日本人治理台灣的最大目的，是要利用台灣豐富的物產，將台灣開發成支持本國經濟的力量，作為其「南進政策」的準備。因此總督府不惜投入巨資，有計劃而且是全面性的開發，這和西班牙人或荷蘭人的掠奪性殖民完全不同。

在日軍佔領台灣之初，台灣即以傳染病流行而聞名。後藤知道：衛生疫病問題將直接影響日本殖民台灣的成敗，因此在一八九六年將日本的「公醫制度」引入台灣，並在三年之後設置「台灣醫學校」，使新醫學朝向知識系統化及體制化發展；同時發展熱帶醫學，以協助日人適應台灣風土環境。他同時推動廣泛的衛生活動，全面控制傳染病；並開始進行代表改善衛生的下水道工程，使台北的下水道覆蓋率成為當時全亞洲第一，甚至超過日本。

後藤到台灣赴任後不久，即與建起巍莪的總督官邸（光復後改稱

台灣總督官邸

「台北賓館」），目的是要以高大的建物來威嚇台灣人民。同時又大幅提升官舍之水準，藉以吸引有能力的日本人來台工作。一八九九年，台北自來水道工事已經竣工。那一年，台灣第一個現代化的金融機構「台灣銀行」正式創立，縱貫鐵路也開始動工。一九〇三年，台灣首座水力發電所「台北深坑龜山水力發電所」開始興建，兩年後開始供電。他同時在台灣各個主要都市積極推展都市計劃，使台灣主要都市的面貌為之丕變，展現出現代都市的風格。

致力交通建設

後藤也十分重視郵政、電信、航運、港灣、鐵路、公路等交通事業的建設或擴充。日本接收台灣後，發現村落和村落間，以及村落和城鎮間，僅有三十公分或大一些的小道，可是在城鎮和城鎮之間，卻沒有可以互相聯絡的省道或國道。日本佔領台灣後，即致力於道路建設，後藤新平更動員居民的義務勞動，並督促投降的抗日人士，投入建設寬幅的道路。他在任內鋪設的道路，寬度在一．八公尺以上者，長達九千兩百多公里，勾勒出台灣各鄉鎮間道路網的雛形。

在鐵路方面，劉銘傳時代曾經以七年時間，鋪設台北至新竹間一百公里的鐵路。日本佔領台灣後，民間曾成立「台灣鐵道公司」，但因資金籌集困難，進度十分緩慢。後藤上任後，將民營的鐵道公司改為官有，將鐵路建設計劃的一千萬日圓擴增三倍，並通過「台灣事業公債法」，確保建設所需財源，自任台灣鐵道部部長，並從日本鐵道部請來長谷川謹介，授權讓他發揮所長，推動鐵路事業。今天台灣的縱貫鐵路，絕大部分就是在他的任內所完成的。在台灣林業史上曾經扮演重要角色的阿里山登山鐵道，也是他為了開發當地豐饒的森林資源，而主導興建的。

除此之外，他又分三期擴建基隆港，使其保有今日之規模。我們可以說，清朝的劉銘傳為台灣的近代化奠定了初步基礎，後藤則完成了台灣近代化的基本建設。

殖民統治下的階級對立

後藤新平治理台灣的一切作為，基本出發點都是為了鞏固日本政府的殖民統治，而不是要為台灣人民謀福利。在兒玉源太郎被任命為第四任台灣總督之前，日本「近代化之父」福澤諭吉已經公開發表言論，對「修理」台灣的大政方針下指導棋：

如果有發現任何幫助叛民跡象的話，就應給予嚴厲處分，不假辭色地沒收其全部的土地與財產。若不如此做，即使發現其舉動有可疑之處也一概不過問，讓他安穩地躲在本土，地主的權力仍然掌握在他手中，從本國移居至此的日本人民就彷彿淪為現耕佃人，呈現主客顛倒的奇觀，必定會給日後施政留下不易排除的障礙。

《時事新報，一八九五、八、二十二》

在這個大原則的指導之下，後藤新平在產業發展方面，採用日人新渡戶稻造的「台灣糖業改良意見書」，選定了在台灣原本就有基礎的糖業，在他任內經由總督府公布實施「糖業獎勵規則」，並設立「臨時台灣糖務局」負責執行，讓日本企業可以獲得工廠建設補助金及生產補助金等各種金融保護，台灣成為日本人投資者天堂。

在台灣總督府的積極扶植之下，日本的三井物產及三菱商事等幾家大企業進入台灣後，享受到充裕的資金援助、原料獲得及市場保護，變成獨佔事業，同時引進新式製糖技術和經營模式，促使台灣糖業蓬勃發展。一九〇一年總督府又公布「土地收用規則」，以公權力支援「製糖會社」，使會社能強制收買甘蔗的「原料採取地區」，大量取得大地主土地，相對的也使台灣許多農民由清代大地主的農奴，淪為日本製糖會社的農奴。

日本據台之初，國內的砂糖消費有八成倚賴進口。據台之後，日本人在台灣全力經營製糖業，使台灣砂糖產量不僅可以滿足國內需求，而且成為世界主要的砂糖出口國之一。然而，總督府的政策是以本國的需要作為調整的準據，完全不管台灣人的利益，更刻意剝削台灣農民的血汗。所以當時民間流行著一句話：「第一憨，種甘蔗給會社磅」，道盡民間的不平和無奈。

不僅糖業如此，在「開發台灣作為南進跳板」的國策下，總督府控制一切的產業，從蔗糖開始，香蕉、樟腦、木材、煤礦、電力、交通等等，都成為日

埔里的製糖會社

本人的獨佔事業，從事生產的都是台灣人，生產的成果悉歸日本人，以及少數依附日本勢力的御用紳士。不僅如此，日本對台灣的工資採取差別待遇，台灣人的平均工資只有日本人的一半。

「民族對立」到「階級鬥爭」

後藤新平推動的改革政策，使台灣原有的社會結構解體，原有的宗族制度瓦解，大多數台灣人淪為無產階級。這樣的社會改革並不能消除台灣人的抗日情緒。就執行日本帝國主義在台灣的殖民政策而言，後藤當然是「厥功至偉」的「頭號功臣」。他後來因為「經營台灣」的特殊成就，而在日俄戰爭後，轉任當時剛成立的「南滿洲鐵道株式會社」首任總裁，繼續推行「日本帝國在南滿洲之特殊使命」，為後來日本的侵華戰爭預作準備工作。

後藤新平離職後，台灣社會又開始湧現層出不窮的抗日鬥爭，像一九〇七年蔡清琳領導的北埔事件、一九〇八年劉乾、林啟禎領導的林圮埔事件、一九一一年陳阿榮、張大爐、賴來在中部領導的革命運動；一九一二年羅福星、李阿齊領導的苗栗事件、一九一三年余清芳領導的西來庵事件，以及一九三〇年發生的霧社事件，都是社會底層的民眾，無法忍受日本統治階級的壓迫，所發生的抗暴運動。他們或許受到辛亥革命的鼓舞，或者利用民間宗教的信仰，跟日據初期，地方領袖帶領的民族主義抗日並不相同。

這些運動的一再發生，正足以說明：經過日本數十年的「修理」之後，大多數台灣人已經徹底淪為「一窮二白」的無產階級。這種「統治」方式，如果不叫「修理」，什麼才叫做「修理」？

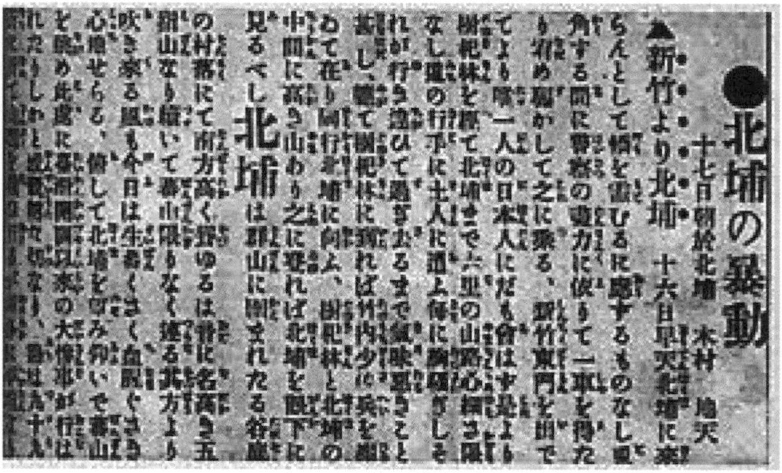
北埔の暴動

新竹より北埔

北埔暴動

第五章　被凌虐的台灣

在後藤新平，「糖飴與鞭子」雙管齊下的「修理」之下，到了十九世紀即將結束的最後五年，日軍已逐漸平定台灣全島，唯一無法鎮服的是台灣的心臟，尤其是中部高山上的原住民，於是想盡方法，深入島內山區，以求有效的統治。

在這個時代，日本統治台灣的大政方針，仍然是日本「近代化之父」福澤諭吉所說的：

吾輩認為討伐鎮壓的手段確實有不少令人詬病之處，不過這已是過往之事，現在再追究也於事無補。應抱著破釜沉舟的決心，斷然地視這次的騷動為好機會，行使兵力，豪不留情地掃蕩，根絕禍源，殲滅一切的醜類，盡可能沒收土地，使全島成為官有地……

《時事新報》（一八九六、一、八）

理蕃總督

繼兒玉源太郎之後，擔任第五代台灣總督的是佐久間佐馬太。他是歷代台灣總督中在任最久的一位（一九〇六—一九一五），任內獎勵移民，在花蓮港廳設「吉野村」、「豐田村」、「林田村」等日本移民住的村莊；同時設置台北市主要街道的下水道，普及郵政、電信事業。但最重要的是因為他曾參與「牡丹社事件」，所以被派為總督，來台灣「理蕃」。

第五代台灣總督佐久間佐馬太

在日本人所謂「總督政治」的五十年中，對台灣原住民推行強壓政策，對原住民片面發動討伐戰爭，幾乎都發生在佐久間總督任期內，所以佐久間在日據時代被稱為「理蕃總督」、「鐵血總督」。

除了「理蕃」之外，總督府在這段期間，更加強對殖民地的經濟剝奪，將盛產竹林、樟腦、木材等經濟作物的山地，一律收歸國有，並放領給日本財團，把台灣社會最底層的民眾，搞得民窮財盡，飽受凌虐而無以維生，終於爆發出一連串的抗暴事件。

日據時期前幾任總督的原住民政策，都是以「綏撫」為主，其次才是討伐、綏撫並用。第五任總督佐久間認為討撫並用的山地政策失敗，在於原住民一直擁有武力，所以他決定改政策為先「討伐」後「綏撫」。因此，在一九一〇年至一九一四年間「五年計劃」的主要工作目標，就是使原住民繳械，完全解除其武裝。

隘勇線

佐久間總督「理蕃」的第一步，就是強化「隘勇線」，限制原住民的活動空間。隘勇線沿襲清朝時期的稱呼，隘勇係指守在關隘的壯丁。隘勇線是劃定蕃地與非蕃地的境界線，雇用民間或官廳人員，作為武裝的監視員，在一定的間隔設屯所，監視敵人或入內者。

佐久間上任後不久，即下令全面加強隘勇線，沿山嶺溪谷開鑿隘路要道，並配置有警備員，扼守要塞。隘路外方就是原住民出沒之區，是敵人的棲息之地，在一定距離之內，草木砍除，清除視界的障礙物，以方便監視來襲的敵人。同時在隘路要衝之地，設立哨所，稱為隘寮，配置有隘勇防守。隘寮的構造大都是木材土石，就地取材，結構設計以耐火、防火為主。隘寮周圍設木柵及掩堡，掩體有射擊口；設置電話線、野戰炮，在重要的地點設立通高壓電的鐵絲網，有的還埋設地雷，作為副防禦工事。原住民對日本政府設立隘勇線的種種措施，感到極度不滿，即使是平時，也經常有家畜或平民觸電身亡，令人深惡痛絕。

隘勇線可以說是安寧與危險的界線。在這條長長的界線之外，就是敵境線，警備員的任務等同準戰線防備，他們是處在連續的戰鬥狀態中，每天服勤都要戰戰競競，如臨深淵，如履薄冰。

第一節　日阿拐的「報冤仇」

日阿拐原為閩南人，姓張。八歲時隨父母移民來台，在後龍溪上岸後，父母因水土不服而喪亡，先由泰雅族人撫養，後再被賣給賽夏族人日有來（BAUNAITAHE;UBAI）當養

清廷授予日阿拐的功牌

子，住在苗栗縣大湖鄉和泰安鄉交界的馬那邦山，海拔標高一四〇六公尺，為當地原住民的聖山。長大成人後，成為當地最有勢力的頭目之一。

製腦致富

清光緒十一年（一八八五）台灣建省，第一任巡撫劉銘傳推行「開山撫番」政策。日阿拐因為開發南庄有功，而於光緒十三年（一八八七）獲賞六品軍功，又響應山東賑災捐銀，獲得監生的功名。

日阿拐的致富，與樟腦產業有直接的關係。當時日阿拐開採樟腦的勢力範圍在獅潭、南庄、五指山及其後山等賽夏族與泰雅族的傳統領域，因開採樟腦業者全為漢人，日阿拐則扮演管理者與保護者雙重的角色，收取「山工銀」。據一九一八年台灣總督府警務局編纂的《理番誌稿》稱南獅里興社頭目日阿拐：「製腦獲利數萬金，役使漢人墾地於水田，佃戶數十，稱雄於一方」。

日據初期，日本人來到南庄，曾經贈送給日阿拐一把日本刀與槍枝，雙方關係良好。然而，當台灣總督府採取行動，保障日本人開發樟腦的利益時，就直接威脅到南庄賽夏族的經濟生活。

阿拐宅居攻擊計劃

一八九五年十月，日方公佈「官有林野及樟腦製造業取締規則」，規定無主「野蠻地」為「官有地」，否定了原住民的領土與財產權。一八九八年，當日阿拐等賽夏族提出經營製腦業許可申請時，官方只承認他們可利用地上的「民木」。後來日本人進行全台土地調查，一九〇二年六月新竹地區完成查定業主權，官方以「未定論」的理由，否定了賽夏族的土地權。

日阿拐及其賽夏族人對傳統經濟生活方式遭到破壞，當然極度不滿。一九〇二年七月六日，日阿拐率領八百人包圍南庄支廳。七日黎明，襲擊大南、風尾及大河東的隘勇監督所，趁著暴風、暴雨之際，切斷隘寮之間的電話線，又襲擊日本軍營。

日軍聞訊後，擬定「阿拐居宅攻擊計劃」，派步兵五中隊、山砲兩門、臼砲四門及工兵一中隊來鎮壓。八月二十二日，日軍開始砲轟日阿拐居宅，占領後，發現日阿拐一行來不及攜帶家產就脫逃，半路上有他們丟掉的衣服和米桶，裡面還有煮到半熟的米飯。日軍燒毀大部分的屋舍。達成鎮壓任務後，陸續撤回，留下憲兵，在南庄繼續搜捕日阿拐，促其投降。

日軍七、八日的攻擊行動，並未讓日阿拐屈服。日警和原住民仍然時常在隘勇線上發生衝突，南庄支廳內的製腦事業也全部停止。十日，憲兵和阿拐的兒子接觸，見其有歸順之意，支廳長經徵詢總督的意見，決定為他們舉行歸順儀式。

十一月十六日，南庄支廳在其南方河岸舉行日阿拐歸順式。日阿拐預定和鹿場社頭目薛大老等四十名原住民一同出席。日本人以白布在河岸邊圍一圈，鹿場來的原住民已經在那裡喝酒划拳作樂。但日阿拐機警，懷疑這是日方想重施數年前圍剿台灣中部抗日志士的故技。他到達伯公廟（土地公廟）後，堅持不過河，日方只好另設場地，並派代表和其簽約。

誓死「報冤仇」

四時半歸順式完畢，埋伏在附近的日軍守備隊一齊射擊，當日集合的八十餘名原住民中，有三十八人往辛抱坂方向逃走，三十餘名往蕃婆石方向逃走，十餘名被擊斃，包括大老父子、三名頭目、一名阿拐家人，及一名親生子。

日阿拐在馬那邦山抗日失敗後，躲藏到加里山區的三五林班地，隔年病死在三六和三七兩個林班地交界的地方。日阿拐過世時，交待長子日加伊乃：內穿賽夏族的衣服，外面套上清朝賜給的官服，頭上綁著紅布條，棺材裡放入日本人贈送的日本刀與槍，再放五十兩銀子，表示一定要「報冤仇」。

日阿拐病死後，屬下的賽夏族抗日份子數十人被日方殺戮，其他族人完全喪失反抗能力，而將槍械交給日方，進入隘線之內，從事農耕。和苗栗賽夏族有聯姻之誼的新竹北埔和竹東的泰雅族原住民，也於一九〇三年一月，將槍械納官。至此，賽夏族之抗日勢力全部被日方掃蕩平定。

第二節　蔡清琳的「復中興」

當時總督府為了防止山地人闖入平地騷亂，一方面派遣日軍和日警對山胞進行武裝鎮壓，一方面設置所謂的隘勇線，隔離山胞，將山胞封鎖在深山內，並沿隘勇線選擇要害，設置隘寮，內有砲壘，隘寮間有聯絡線，住在沿線的警備人員稱隘勇。

極度危險中的隘勇

當時在佐久間總督的鎮壓下，原住民極度不滿，尤其是大嵙崁的原住民，反抗情緒最為激烈。這些隘勇經常在無意間遭到叢林飛來的毒矢或流彈射殺，工作極為危險，因此悉由台灣人擔任，日本人則擔任巡查，統率隘勇。隘勇生活在恐怖的陰影中，不敢待在隘寮，紛紛下山逃避任務，一旦被抓回去，就會受到嚴厲的減薪處分。

各地支廳為填補隘勇空缺而傷透腦筋。總督府有意抽調北埔的隘勇對抗大嵙崁（今大溪）的山胞，使北埔隘勇心生畏懼。他們本來都是忙於農作，生活安寧的百姓，現在要被迫徵用到隘寮，將自己暴露在極度危險之中，心中不滿可想而知。蔡清琳就在這種情況下應運而出。

蔡清琳，生於一八八一年，廣東陸豐縣人，祖父自廣東渡台後，即落籍新竹，住在新竹廳北埔支廳月眉社（今新竹縣峨眉鄉）。蔡清琳自幼放蕩不羈，不務正業，但是能言善道，而且頗富機智，平常好作清朝官吏打扮，當訟棍謀生。

當他知道日警和隘勇以及原住民之間的尖銳矛盾，他一面向隘勇抨擊日本人的暴政，一面宣稱：「祖國清廷已經認命我為『聯合復中興總裁』，清兵將在舊港登陸，先佔領新竹為根據地，再逐步光復全台灣，我們必須相呼應，先佔領北埔，殺光日本人，然後去新竹和清兵會合，大功告成，我們就是台灣的主人。」

為了取信於人，他又印了一些蓋有「聯合復中興總裁」戳記的紅紙，散發給大眾。許多隘勇信以為真，紛紛加入他的抗日義勇軍。

血洗北埔支廳

蔡清琳說服了隘勇，又進一步去煽誘原住民。原住民聽說要打日本人，頗為興奮。泰耶族大頭目趙明政和馬利可灣族頭目黃得明也表示願意加入。接著蔡清琳再派他的異父弟弟何麥榮及何麥賢，四處招募人馬，組成了一支兩百人的武裝隊伍。

一九〇七年十一月十四日，何麥賢、何麥榮兄弟及巫新炳率隘勇四十餘人，分頭襲擊鵝公髻、一百端、長坪頭及大窩等隘勇線分遣所，殺死各地的日本巡查；然後與襲擊加禮山分遣所的隘勇彭阿石及原住民會合，連同賽夏族大隘社的原住民，襲擊大坪隘勇監督所，殺戮德永榮松警部補，以及日警眷屬包括婦孺共三十二人，奪取槍械彈藥，再糾合大坪庄附近居民共約百餘人，於十五日黎明，由大坪庄出發，奔向北埔（新竹縣北埔鄉）。

第二天上午八點鐘，他們一夥人打著「安民」和「復中興總裁」兩桿大旗，抵達北埔支廳。支廳長渡邊龜作發覺有異，探頭往外遙望，發現大批人馬舉著「復興中總裁」大旗，快步前來，立刻走出廳外，大聲吆喝：「喂，你們，幹嘛下山來？」話剛講完，一根長槍已刺進胸膛，渡邊支廳長仰後倒地，當場斃命。

當天在辦公中十名中有警部補二名、巡查四名、及台灣人巡查補若干名，正在接受學科訓練，身邊都沒有帶武器。事出突然，他們想奔回宿舍，拿取槍械，支廳已被團團圍住；隘勇們衝進支廳猛砍亂殺，連婦女嬰孩也不放過。另一隊趕往郵局，揮起青龍刀，將郵政局長姬野夫婦砍為肉醬；有些人藏在台灣人好友的家裡，也被揪出刺死。

發現受騙上當

當北埔支廳長渡邊被刺的時候，在支廳教室上學科訓練的兩名台灣人巡查，一人踢開桌椅，飛奔新竹報告；另一人則跑到近處的樹杞林支廳。事件發生大約一小時，新竹廳就接到樹杞林支廳的報告，一邊電告總督府，一面招集二十名警察趕赴北埔。總督府也立刻派守備對一中隊及警察一百二十名，經由新竹去北埔鎮壓。

當天早上隘勇們在北埔一地殺死了支廳長以下的警察及官吏二十人、官吏眷屬二十二人、日本居民十五人，合計五十七人。北埔的日本人除了六個負傷的之外，幾乎全部被殺光。上午十時許，巫新炳一夥人由北埔出發前往新竹。到了草山（寶山），大夥聽到新竹安然無事，信心開始動搖。到了距離新竹十里的水仙嶺，大家才發現：根本沒有什麼清兵，追蹤而至的是大隊日本警察；知道自己受騙上當後，大夥一哄而散，四處逃命。

當天傍晚，蔡清琳竟然穿著清朝官員的盛裝來到大坪庄，撫慰失望歸來的眾人；眾人弄清楚整個事件根本是蔡清琳一手策劃，大家被其所騙，憤怒無以復加，當晚槍殺了蔡清琳！至於另一首要人物巫新炳，則於第二天十六日被捕。

為清國兵已復臺灣。其所謂復中興者。必以為即可號召暮民矣。其愚尤烏可及哉。

雜報

●匪徒之供詞

就縛之匪徒。其所供之詞。雖不能盡信。然藉是亦可稍知其暴動之顛末。茲以匪徒王阿義之所自供者。摘其新鮮者數節。記之於下。曰。予其始原不與此事。在暴動之時。寢於大坪監督所炊事場之隣室。銃聲遽起。衆人大譁。予則抱子避於伯母之家。時有隘勇伍長何麥賢何麥榮兄弟及巫新炳等。謂予曰。新竹各處皆陷。汝亦宜入吾黨。自是予乃投其群。當時生蕃尚未來。但有隘勇約四十五名而已。出大坪之時。何麥榮與巫新炳一人。手執小旗前行。沿途語人曰。清國大官已來新竹。及至北埔。聚衆已約八十名。將至北埔之時。分爲數隊。一隊扼支廳員之道路。一隊急襲支廳。又一隊襲之。行兇之際。斫殺渡邊支廳長之隘勇。爲黨羽以彈擊其手。貫通而

蔡清琳紀事

從容就義

十七日，警視總長大島久滿次率隊親臨北埔，下令莊民於三日內負責緝捕暴徒歸案，否則日軍將血洗北埔。於是軍警、保正、甲長等紛紛出動，搜山勸降。

日警不敢用太嚴厲的手段對付參加這次暴動的原住民，只命令他們自動交出暴徒。泰耶族的頭目趙明政為了自身的安全，便將逃入番界的十一名隘勇砍頭，將頭顱交給日方。蔡清琳已經被怨恨受騙的隘勇王阿義殺死，王阿義也被警察逮捕，就地正法。

事件發生二十天後，搜索行動結束，總共逮捕一百多人。台灣總督府下令在北埔支廳成立臨時法庭，由高田富藏任審判長。同年十二月十四日正式開庭審訊。審訊結果，除領導人蔡清琳已被殺外，何麥賢等九名領導人以「匪徒刑罰令」治罪，判處死刑，在北埔挖一個大坑，用日本刀砍頭，把死屍埋在一起。這九位抗日英雄，雖然懊惱受到蔡清琳愚弄，但是因為痛宰了殖民統治者，沒有平白犧牲，所以都能從容就義。

另外九十七人，高田審判長認為罪證不足，有的拘留二十天，有的處以輕微的行政處分。到了十二月二十八日，這個轟動全台灣的抗日事件，才宣告處理落幕。

第三節　劉乾神兵抗三菱

山區本來就不是可耕地。清代移民到台灣山區居住，攜來大陸的優良竹種，開墾栽植，逐漸成為茂盛的竹林。清廷沒有在台灣作全面的土地丈量，農民沒有所有權狀，官民也沒有發生所有權的爭執。農民確認自己的墾地是祖先世代相傳，向政府按時納稅，履行了善良民眾的義務，就彼此相安無事。

「模範竹林」的強盜政策

日本人來了以後，總督府開始在全島進行詳細的地籍調查。總督府認為：沒有所有權狀的土地，是官地，像台中州的竹山、台南州的斗南以及嘉義地區，有一萬多甲竹林，有極高的經濟價值，總督府都認定是官地，準備批售給跟日本殖民統治者關係良好的三菱會社。

明治四十一年（西元一九〇八年）四月，台灣南北縱貫鐵路通車，急速帶動全島各種產業發展。日本國內的大企業也紛紛在總督府的庇蔭下，進入台灣，瓜分各種特權。

當年九月，斗六林圯埔和嘉義的農民突然接到警察通知：各戶長攜帶印章，某日某時到廳、支廳、派出所或公學校的指定地點集合。驚慌失措的農民，紛紛打聽：「是什麼事情？」

他們來到指定的地點，已經有日本警察首長在警員護衛下，坐鎮會場。農民坐定後，官員就向他們宣布：「你們開墾的竹園，竹相美麗，為了永久保護這些美麗的竹林，總督府決定編為模範竹林……為了感謝道你們祖先的開墾，總督府願意支付補償金，慰勞你們的辛苦，希望各位感念政府的德政，好好接受。」

說完之後，警察開始催促農民蓋章領款。目不識丁的農民根本一頭霧水，有些人不敢蓋章領錢，警察就開始恫嚇：「什麼？不蓋章？不聽官員的話，就抓進監獄！」

三菱的農奴

會場由警察緊密地把守著，不蓋章領錢就不放人走。農民們在恐懼下，只好雙手顫抖，蓋了章，領了錢，倉惶離開會場。有少數農民根本就不信任總督府，不敢參加會議，當然沒有蓋章，也沒有領到一文錢。可是在日本殖民政府的統治下，蓋不蓋章的結果並沒有差別。從這一天起，農民歷代祖先留下來的祖產變成「模範竹林」，到處樹立起「台灣總督府模範竹林」的標樁，明確告訴農民，從此總督府代管這些竹林。

不久之後，總督府就將這些竹林的開採權，標售給三菱商社，有關竹林的生產，也交由三菱製紙廠管轄經營。農民從業主淪為雇農，其實就是三菱會社的農奴。

相命仙與貧農結合

劉乾是日月潭南方南投廳沙連堡羌仔寮庄人，家境窮困，以算卜為業。他是一位虔誠的佛教徒，自小吃素，而且心地慈悲，待人和善，深受鄉里敬重。一九一一年夏天，有一日，劉乾和往日一樣攜帶羅盤卜卦器具，到林圯埔東南方哦大鞍庄（現在的竹林鎮大鞍里）看相營生，而為巡邏警員取締，指算命賣卜是謠言惑眾，將他的營生器具全部沒收，並且稱劉乾為騙徒，強迫他改業。

從此，劉乾生活更為潦倒，他移居到大鞍山內的永堀，借了一小片地，蓋了一座小小的祠堂，供奉觀音，接受附近善男信女的捐助，過著吃素禮佛的生活，在日人差別待遇的殖民統治下，他傳道的時候，也會加入反日思想，批評日本強佔竹林的不當，信徒聽了深受感動。

林啟禎是南投縣大坑庄人，世代務農，並擁有一塊竹林。日本據台後，將他的竹林收歸官有，再放領給三菱會社，留下一部分，發給庄中依附日人的仕紳管理，並且派人巡查，嚴禁居民採伐。林啟禎經過幾度陳情，心中的失望變成憤怒，他認為：這是祖先留下來的竹林，即使總督府認為他沒有所有權而後收歸官有，也應當優先承租給原納稅人，怎麼可以拱手讓與三菱會社，簡直是「乞丐趕廟公」嘛！

劉乾的神兵

有一天，他進入竹林砍伐竹子，被三菱會社的巡山員發現，遭到一頓痛打，庄民都為林啟禎打抱不平，林啟禎將這件事告訴劉乾，劉乾認為抗日時機已經成熟，決心採取行動。林啟禎主張招集更多信徒，利用神佛的旨意，揭發日人的罪惡，將附近所有日人殺盡，劉乾完全贊成。

一九一二年三月二十二日，他們的信徒在大鞍山神壇集合，在香煙裊裊中。劉乾和林啟禎身穿袈裟，向匍匐在地上的信徒傳佈神的意旨，鼓勵大家起來反抗。農民被奪去竹林，本來就憤恨難消，只是畏於日人的威勢不敢發作，現在聽說反抗日人是神的意旨，大家就不再害怕了。於是劉乾兩人帶頭，命令大家穿藍衣戴紅帽，宣稱這種打扮可以防止子彈、刀槍，身上帶符咒可以不怕敵軍，這些目不識丁的農民，信以為真，大家組成了一隊神兵，約有幾十人。

林圯埔事件

頂林派出所位於崇山峻嶺之中，門前只有一條羊腸小徑通往林圯埔。所內住有兩名日本巡查和一名台灣人巡查捕，劉乾認為是最適合攻擊的目標。三月二十三日破曉前，帶領這群農民神兵攻向頂林。兩位幹部穿著神衣，陣頭舉著天賜錦旗，當東方剛露出一點曙光，農民們就踏進派出所，用刀在陳姓台灣人巡查捕的臉上刺了兩、三下。

日本巡查飯田聽到聲音，身著睡衣，踏出宿舍門外，就被人刺了一刀，其他人又補上幾刀，終於喪命血泊，另一名身披睡衣的日本巡查也被殺死。

林圯埔支廳接到頂林三菱會社辦公處的急報，佐竹支廳長立即招集警察隊和保甲壯丁團，展開搜捕行動。當地農民害怕被日本人報復，紛紛緊閉門戶，外面樹立太陽旗，寫上「大日本良民」五個字，以求自保。

日本警察挨戶搜索，到三月三十日，共搜捕到抗日份子十三名。四月八日，在南投支廳設置臨時法院開庭，十一日正式宣判：依「匪徒刑罰令」，劉乾、林啟禎等八人判處死刑，另判處無期徒刑者一人，有期徒刑三人，無罪開釋的一人。下午一點正，在南投支廳監獄內執行，被槍斃的八個人都視死如歸，臨行前破口大罵日本人，毫不畏懼。史稱林圮埔事件。

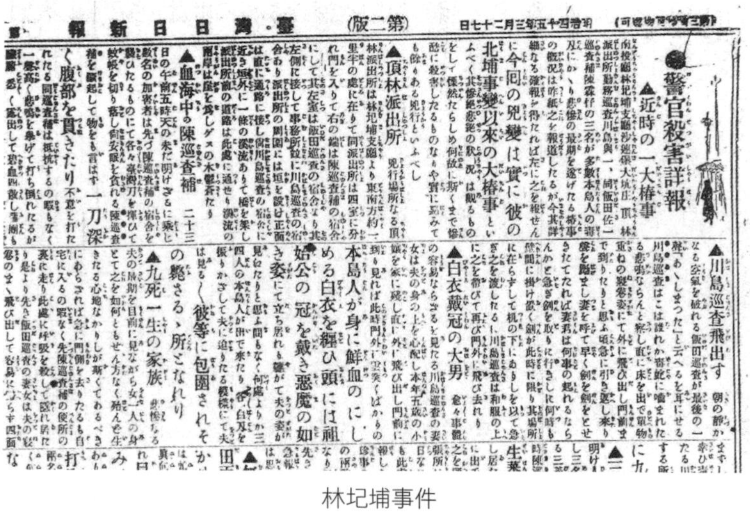
臺灣日日新報　（第二版）　明治四十五年三月二十七日

警官殺害詳報

▲近時の一大椿事

今回の兇變は實に彼の北埔事變以來の大椿事

▲頂林派出所

▲血海中の陳巡查補

腹部を貫きたり一刀深く

▲川島巡查飛出す

▲白衣戴冠の大男

本島人が身に鮮血のにじめる白衣を纏ひ頭には

始公の冠を戴き惡魔の如き姿

▲九死一生の家族

林圮埔事件

第四節　「鐵血總督」討伐太魯閣

太魯閣有九十七社、一千六百多戶，九千多人，其中壯丁大約兩千五百人。每人均持有槍枝。他們的蟠踞之地，北起宜蘭廳所轄大濁水溪（花蓮和平溪），南迄花蓮港廳所轄木瓜溪，高山深谷相連，奇巖老樹蔽空，四面絕險。一八九六年日軍據台之初，太魯閣族襲擊日軍前哨新城分遣所，將結城少尉帶領的整個小隊殲滅。花蓮港支廳長大山警部一行，以及賀田組製腦職員小松梅三等二十三名也遭到殺害，造成總督府的震驚。

當時台灣總督府請求海軍省派遣南靖艦隊的「浪速」與「秋津洲」兩艦，來到台灣東海岸砲擊，陸上也派了一百名警察隊，與五百位南勢七社的平地原住民，從海上與陸上兩面夾攻，結果仍然無法平定這些「蕃民」。

開戰前的準備

有鑑於此，佐久間總督把討伐太魯閣族視為「五年理蕃事業計劃」中的最重要部份，開戰前作了相當周全的準備工作。從一九一一年至一九一四年五月，共派了五次探險隊先進行調查。

其中第三次的探險，損傷最為嚴重：一九一三年三月野呂寧隊長、警部、巡查、人伕、太魯閣族等共二百八十六名，從埔里出發。到櫻花峰時，遇上大暴風，營帳天棚全部吹散，在零下三度的嚴冬，凍死者三十四名，遇難者、失蹤者共計一百零一名，是遭難者最多的一次。

第四次行動，經過斷崖，在奇萊主山鞍部發現了太魯閣族的部落。第五次探測行動時，五月一日，在南湖大山山頂，確認陶賽和太魯閣部落的所在地。探測

被發現的太魯閣部落

完成後，探測隊在山頂集合歡呼，慶祝完成探測任務，這就是「合歡山」名稱的由來。

探測隊的歡呼，象徵著原住民悲劇的到來。太魯閣族是一個部落一個頭目，並沒有統領全族的頭目，遇到外敵入侵時頭目各自帶壯丁打仗，部落之間沒有彼此聯絡或協調的機制。總督府在討伐太魯閣族之前，日本人進山做調查，族人根本不知道他們要做什麼。戰役爆發，戰場發生在外太魯閣，內太魯閣的族人也完全不知情，都是一個部落被打，族人逃向下一個部落通報，才知道。

「討伐太魯閣」

一九一四年五月，佐久間總督召開討伐太魯閣族軍事會議，決定進攻高山的戰略，規劃分路進攻的行軍路線。東線花蓮港方面的兩支部隊，由警察部隊組成，有二千多人，主要任務是牽制外太魯閣與巴托蘭（木瓜溪）一帶的太魯閣人，當時外太魯閣有戰士一千人，巴托蘭有戰士二百五十人。

西線從埔里方向進攻的主力，是平岡守備隊與荻野守備隊兩個步兵聯隊，首要任務是剿滅內太魯閣的頑強部落，當時內太魯閣族有戰士一千一百人。

依照佐久間的作戰計畫，沿木瓜溪溯河而上的「巴托蘭攻打隊」與沿立霧溪溯溪而上的「得其黎攻打隊」，將會與西線人馬會師。西線的平岡守備隊很快越過能高山，與「巴托蘭攻打隊」會合；五月三十日，西線另一支荻野守備隊大軍也越過合歡山，開抵關原一帶，跟原住民發生遭遇戰，雙方僵持約十天，先展開拉鋸戰，最後在神木山腳的馬哈告，發生慘烈的決戰。

六月二日上午四時，大隊長深水少佐率領第一中隊，突擊希拉歐卡夫尼社。凶悍的族人壯丁約七十名死守，在軍方討伐隊猛烈攻擊下，最後被佔領。日方很快又發現在西拉歐卡夫尼社東北一千二百米的高山上，大約有二百名以上的族人壯丁駐守，但仍被討伐隊攻破而瓦解。

六月二十六日，荻野守備隊率領六千人的主力部隊，正面攻打海鼠山（又名鍛練山）的二十二個

日軍征討太魯閣

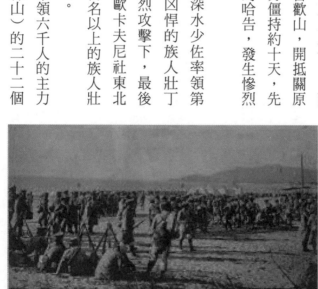

太魯閣族部落，包括多勇、馬黑洋、依柏、北晉、闊達等社，各社在作程度不同的猛烈抵抗後，一一陷落。

總督之死

佐久間司令官本人也在希拉歐卡夫尼指揮部附近墜崖，身受重傷。討伐軍副司令官平岡少將留下一千人，保護佐久間安全，他本人則親率其餘一千人，用兩天的時間，兼程繞過陶賽溪上游的朝暾山，攔截逃竄的太魯閣族人，切斷他們與和平、南澳方面的聯繫。

到了七月二十日，戰鬥進入尾聲。八月十三日，族人紛紛繳槍，掃蕩戰結束。內外太魯閣、巴托蘭、陶賽族人全部歸順，佐久間總督設置研海支廳，九月五日，搜索隊宣告解散，討伐工作至此告一段落。

戰事結束，根據日本軍方的統計，警察隊戰死者二十三名；負傷者二十九名。軍方戰死者六十一名，其中將校三名；負傷者一百二十五名。東西兩軍因疾病而死亡者共計八十一名。

依照日本從台北發佈的官方消息，起佐久間司令墜崖後，在指揮部療養一個多月，才離開陣地返回台北。同年十一月，佐久間回東京，向大正天皇上奏，細述他的理蕃政績。次年五月一日辭去總督職務，八月五日猝逝於故鄉仙台市，享年七十二歲。這位參與牡丹社事件，一心想征服台灣的「鐵血總督」，終於為完成自己的「理蕃」事景，而付出了自己的生命。

殖民政權入侵

太魯閣族長年馳騁於中央山脈的高山峻嶺之間，在自己的傳統領域過著悠遊自主的生活，滿清時代的統治勢力從來沒有干預他們的生活方式。

從一九一四年六月一日到八月十三

日本總督佐久間與太魯閣族人頭目合影

日，這七十四天中所發生的戰爭，對日本的殖民統治者來說，是為了要有效統治台灣全境，所以稱之為「討伐太魯閣事件」；但對太魯閣族人來說，這場戰役是一種價值之爭。太魯閣族人相信：土地是血，山林是家，遵守祖訓是太魯閣族人代代守護的傳統價值，當外人強力入侵時，男人唯有守護土地，獵取入侵者的敵首，才配稱男子漢，才能受族人尊敬，才能光榮地走過彩虹橋與祖先相遇。

在日本人來之前，外面的人從未進入這塊土地，太魯閣族人也對日本人一無所知，他們不知道日本人是從哪裡來的，要做什麼？他們稱日本人為「猴子」，其實就是「入侵者」，只要是入侵者就要剷除。

這場太魯閣族的「抗日戰役」並非

殖民政權入侵

「事件」。從日本人的觀點來看，他們是要討伐兇頑之徒；但從太魯閣族人的觀點來看，這是對入侵者的反抗。「太魯閣族抗日戰役史」，就是從新城事件開始，到太魯閣事件結束，前後十八年的一段史實。

一九一四年六月一日，動用超過二萬二千的兵力，從花蓮縣的立霧溪口和南投縣的霧社，雙向夾攻太魯閣族傳統聚落。族人以二千勇士對抗，面對日軍先進武器的夾擊，終因寡不敵眾而投降，從此外來政權正式進入原住民的生活空間；強制太魯閣族繳械；設警察「駐在所」，緊

被征服的部落

殖民政權的到來

接著摧毀部落，瓦解族群組織。同時施以懷柔勸導與教化，達到集團移住混居的目的，徹底改變了太魯閣族的命運。

第五節　羅福星的革命事業

在中國辛亥革命的影響下，台灣也發生了一連串的抗日事件，其中規模最大的是羅福星領導的「苗栗事件」。羅福星出生於印尼巴達維亞。母親是荷蘭人與印尼人混血種。周歲時，祖父羅耀南帶他和雙胞胎弟弟祿星回廣東省嘉應縣大地村。五歲啟蒙，誦讀傳統經書。十歲時祿星早夭，福星又隨祖父去印尼，就讀於爪哇的中華學校，學習荷文與英文。

革命軍的負責人

十八歲中學畢業，一九〇三年，隨父親到台灣，住在苗栗鎮，並進入當地

羅福星

公學校念書。三年後又隨祖父返回故鄉，當時辛亥革命的風潮正在席捲大陸各地。羅福星受丘逢甲感召，在廈門加入革命黨同盟會。其後回到嘉應州擔任小學教師，兩年後遠渡重洋，到印尼雅加達、新加坡等地做華僑小學教師，後來又到緬甸，在同盟會宣傳機關當書記，辛亥革命時趕回大陸，參加革命。中華民國建國那一年，又返回故里，第三度當小學教師。

羅福星來台之後，即馬不停蹄在台北苗栗之間，鍥而不捨的招募同志，參加革命組織。他常自稱是中國革命軍派來台灣的負責人，辛亥革命的成功，使許多人相信，他們一旦發難，一定會有中國的革命軍前來支援，並且提供武器，以完成民族革命。

發展革命組織

從一九一二年十二月羅福星到台北，到一九一三年十月，不到一年時間，抗日革命組織如火如荼的展開。他們分別在台北、桃園、新竹、基隆等地成立華民會、三點會、父母會等組織，招募同志。一旦入會，必須經過宣誓，載入各項資料。為了避免消息洩漏，會員之間只有縱向關係，沒有橫向的聯繫，以免組織太過龐大，引起日本當局的注意。

為了方便連絡同志，不被日警追查，羅福星特別訂了暗號，作為同志間的聯絡方式，除此之外，還訂了《軍人守則》，和《軍隊編制》，設立了旅、團、營、對、排、班等組織，另外組織了一隊敢死隊，由旅長負責。因為將來要發動有組織的戰爭，必須有軍紀才能成功，他特別要求同志遵守紀律，又嚴定軍人刑法。

為了籌募革命經費，羅福星去拜訪台北的仕紳黃南球。黃先生是愛國知識份子，聽了羅福星革命計劃，表示願意支援抗日經費，給了他很大的鼓舞。

他曾經拜訪台中望族霧峰林家的林祖密將軍。林祖密是林朝棟三子，非常嚮往孫中山的革命，聽了羅福星的構想，不但捐助兩萬銀元，並且表示如革命起義，他可以率兩萬人幫助羅福星一起抗日。

革命團體迭遭破獲

正在這個時候，日本軍警在台灣各地破壞了好幾個既跟民間信仰有關，又想利用辛亥革命的團體。第一是一九一三年二月台南關帝廟的李阿齊。李阿齊的父親李達在日軍侵台時，曾參加武裝抗日革命，後遭日軍處死。李阿齊從此就痛恨日人，一直想為其父報仇。他受到孫文革命成功的鼓舞，對當時的政治和社會問題至為關心，決心招募同志攻打日本官舍。

在一九一三年六、七月間，他出入於原住民居住地區，以神佛降旨啟示為名，在五甲村邀集十幾個庄民參加祭拜神祇。他又進一步要求參加同志剃去頭髮，只留中間一撮，盤在頭頂作為標幟。結果很快遭到日警注意，而被逮捕取締。

一九一三年四月，大湖地區又發生「張火爐事件」，張係台中東下堡人，對日本暴政非常不滿，也響應羅福星的號召，在中部大甲、卓蘭等地招募革命黨員，結果在兩地募到黨員四十七名。陳阿榮是台中廳水底寮人。受到一九一一年辛亥革命成功的鼓舞，他也打算以東勢角（今東勢鎮）為基地，組織武裝隊伍，伺機在中部舉事。陳阿榮原當過隘勇，他找尋的夥伴也大多為昔日同在一起的隘勇，他和張火爐都在中部地區活動，但被日警破獲之前，彼此並沒有橫向聯繫，招募範圍遍及林圮埔和埔里社（今埔里鎮）及附近一帶，達八十五名左右。

天后宮會議及大湖支廳槍枝失竊

一九一三年九月九日，苗栗大湖共和會館的同志，在天后宮舉行宣誓大會。這次大會由葉紹堂發起，對天地立誓。正準備開會時，日本警察突然闖進，同志見狀四面逃離，日警當場抓去葉永傳、吳頌聲等八人。這個祕密會議的破獲，更提高日本當局的警覺。

一九一三年九月二十五日，大湖庄水尾村人黃阿統與湯阿文，潛入大湖支廳倉庫竊取村田步槍三十七支，子彈四百多發，其中十五支賣給山上原住民，十二支藏在家裡。槍枝失竊後，日警覺得事態嚴重，他們聯想到大湖天后宮的秘密會議，判斷這是革命黨員所為，於是大湖支廳利用保甲，進行秘密大搜捕，結果查知真有革命黨員密藏槍枝，革命黨人還和番界隘勇互通聲氣，這些發現啟動日警，大肆搜捕革命黨員。一九一三年十一月，終於爆發了東勢的「賴來事件」。

賴來的短暫革命

賴來是苗栗三堡川寮庄的客家人，辛亥革命成功後，一九一一年冬天，他和同鄉謝金石偷渡到廈門，遊歷福建、上海各地。回到家鄉後，即加入羅福星的革命組織。當他看到苗栗日警大肆捕抓革命黨員，情勢十分急迫，於是在十二月一日召集部長謝金石、詹墩、李文鳳等人在家設壇，供奉五色旗，陳列武器，由賴來主祭，燒香誓盟，並決定於拂曉起義。

第二天一大早，他們趕到東勢角支廳，乘其不備衝入，揮刀砍殺。值班的佐佐木巡查被賴來當場一刀殺死，荻原巡查也被詹墩砍死在床上，大批革命黨員衝進辦公室，毀壞六部電話及其他設備，搶走了十幾支槍。此時從宿舍聞聲跑來的幾名巡查，躲在暗處向革命黨開槍，有個叫竹內的巡察一槍打死了賴來。群龍無首的革命黨，驚慌的拋下手上的革命旗幟和武器，一哄而散。

永為台人紀念

在日警展開搜捕革命黨之前，羅福星看到情況不對，先逃到淡水支廳，躲在農民李稻穗家裡，準備偷渡大陸。興化店派出所接獲密報，一九一二年十二月十八日，淡水支廳長親率大批警，包圍李宅，羅福星當場落網，從他身上並搜出了完整的革命黨名冊。

日警立刻展開全台灣的大搜捕，到一九一三年二月方告一段落，共捕獲九百一十一人。總督府在苗栗設臨時法庭，由安井勝次為審判長，小野得一郎和松井榮堯為檢察官。二月十六日開庭，同月二十九日全部審判完事。其中羅福星等二十五人判死刑，有期徒刑二百九十人，行政處分四人，無罪三十人，不起訴處分五百七十二人。

行刑當天，死刑犯雖然蓬頭垢面，但都面不改色，在絞刑台上從容就義的態度，令總督府驚訝不已。

一九一四年三月三日，羅福星也被送上了絞刑台。臨行前，獄吏問他：「你最後有什麼遺言？」

他留下的兩句話是：「我不死於家鄉，永為子孫紀念；而死於台灣，永為台人紀念爾！」

第六節　余清芳與噍吧哖慘案

余清芳又名余清風，別名滄浪，人稱余先生，一八七九年生，居台南廳後鄉庄。日軍據台時，十七歲的余清芳曾參加義軍武裝抗日。

日本統治台灣基礎逐漸穩固，各種產業開發進入新的階段，余清芳也當過日本的巡查埔和役場書記。一九〇四年，余清芳辭職，經常出入台南廳下各地的齋堂，發表反日言論，而遭到日警注意。一九〇九年一月，日警以余清芳參加鹽水港祕密結社「二八宿會」為由，將其送往台東「加路蘭浮浪者（流氓）收容所」管訓兩年十個月，一九一一年獲釋返鄉。這時正好發生林圯埔、土庫、苗栗一連串流血事件，余清芳遂下定決心，於一九一三年三月，在台南租房子，經營碾米廠，同時利用這個房子做為吃菜人（素食者）集會的場所。

廣結同志

這時候，余清芳結識台南市西來庵董事台南廳參事蘇有朋，及大潭庄區長鄭和記，開始以西來庵為基地，糾合同志，並藉修築庵堂名義廣募捐款，同時經人引介，認識羅俊與江定。

江定，一八六六年生，家住台南廳楠梓仙溪里竹頭崎庄，是黃國鎮時代的武裝革命領袖，曾在南部率領四、五百部下，和日軍周旋。日據後逃往堀仔山區，糾合甲仙埔隘勇及六甲抗日殘黨等數十人，身居山中十餘年，同夥亦越聚越眾。一九一五年前後，余清芳經人引介，入山親訪江定，相約起事時以余清芳為首，以江定為副。

羅俊的父親自大陸來台，一八五四年，羅俊生於嘉義他里霧（雲林縣斗南鎮），他當過私塾教師，也懂中醫，替人看病抓藥。一九〇〇年，羅俊曾參加義軍抗日，事敗後潛返大陸，遊歷華南各地七年。五十歲時潛返台灣，發現三名兒子俱歿，妻已改嫁，家產亦盡為姪輩霸佔，故於一九〇六年六月，再赴大陸，遍遊廈門、漢口、甚至安南、暹羅等地，以行醫或看風水為業，後棲隱於福建天柱岩寺廟，持齋禮佛。

一九一四年，台南人陳全發密渡廈門，告勸其回台共謀大事。羅俊乃於是年十二月返台。一九一五年，經

西來庵

張重三的引介，羅俊親赴台南密晤余清芳，攜手締盟，並約定由羅俊負責台北台中一帶工作，余清芳則負責南部一帶工作。

大明慈悲國

余清芳與江定及羅俊結合之後，更加緊藉宗教宣傳日人暴政，他以「大明慈悲國大元帥」名義對同志發出驅日檄文，並分發神符咒文及舉行扶乩，以鞏固眾人信心。

扶乩的方法是使用人字型的雙叉樹枝，雙叉的另一端，附著數十公分長突出的樹枝，扶乩時由乩童握著雙叉，傳達神意。起乩時，突出的樹頭

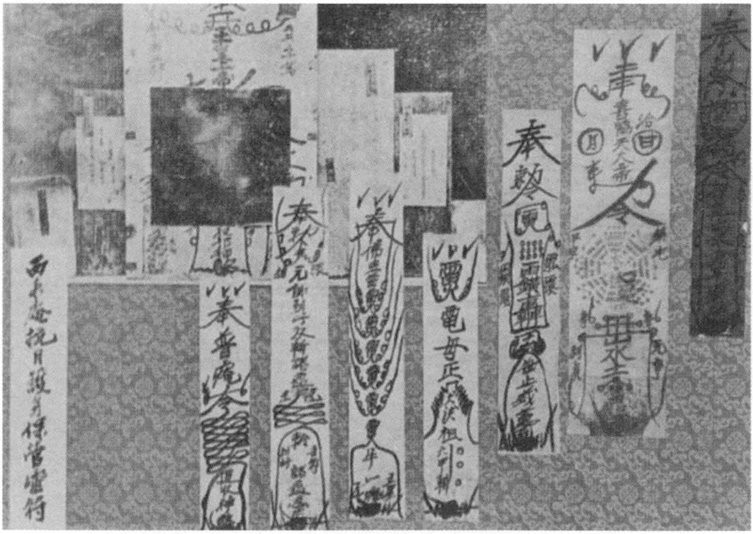

余清芳等已以神符咒文及舉行扶乩，鞏固眾人信心

會在砂面畫出線紋，由另一位乩童譯為普通話語，說是神的旨意，這種「問神」的方法，台灣話叫「童乩」。

余清芳口才伶俐，他使用神指降筆器，寫出的文字託出神意，對一般的信徒很有說服力。為證實余清芳所講的真實性，身旁的幹部會幫忙說明，鼓舞民眾，加強他們的信心：「信仰神意，不怕艱難，凡事一定成功」、「我余清芳接到玉皇大帝的聖旨，將登基為台灣皇帝。」、「日本佔據台灣，只有二十年期限，一九一四年到期。日人必須退離台灣，大陸會派來大批軍隊，跟我們聯合攻打日軍，趕走日人，易如反掌。」、「西來庵的信徒，不吃肉類，省下金錢，捐助西來庵，換得神符，不怕刀槍」。

這時候正發生第一次世界大戰，日本與德國打得難分難解，大陸人民普遍燃起對日本的憤怒之心，余清芳等人更渲染「德國決定派大批飛機，配合大陸大軍支援台灣」，鼓舞同志士氣。

一九一五年四月中旬，台中日本當局已獲悉外傳中國軍將要攻打台灣之說，從而暗中進行調查。五月二十三日，在基隆港駛往廈門的日輪大人丸中，捕獲台南阿公店人蘇海東，知悉本案事情。日本當局立即於台南、嘉義、台中等地，展開搜捕行動，並於一九一五年六月二十九日在嘉義東寶竹頭崎庄尖山森林中捕獲羅俊。

襲擊甲仙埔支廳

六月二十九日當天，台南與阿猴兩廳派警察二百七十人入山，搜捕余清芳和江定。當時連日豪雨，溪流氾濫，日警隊圍山七、八天，終無所獲。抗日義軍探悉甲仙埔支廳警員已全部出動，於是決定立即分途攻擊十張犁、大坵園、阿里關、蚊仔尺、河表湖、小林等派出所。

次日，甲仙埔支廳突然遭到余清芳抗日軍襲擊，包括日警和妻女、台灣人巡查四人，當場被砍死。次日，小張犁等派出所也被抗日軍所襲擊，日警及其眷屬三十多人當場喪命。抗日義軍殺戮日人的行動一直持續著，被襲擊的官衙計：支廳一處、警察派出所四處、分室三處，被殺死者，多達一百五十人！

義軍佔領日警派出所後，屢戰屢勝，農民認為余清芳的預言顯靈，紛紛加入他的陣容。余清芳同時放出空氣：「我軍已經殺掉阿猴的全部日人，今天或明天，中國的革命軍隊，將登陸安平，數隻兵艦將陸續進入安平港，陸海軍一起攻打日軍，驅逐騎在台灣人頭上的日本人，台灣人翻身的日子到了。」

檄文一出，擁戴余清芳的民眾受到鼓舞，人數增加到一千五百人之多，而以噍吧哖做為下一個攻擊目標。

抗日軍戰志高昂

八月三日，正在台灣中南部視察的台灣總督安東貞美獲報後，認為流血事件已經升高為大規模的叛亂。立刻下令：駐屯南部的第二連守備隊，召回演習中的步兵，全軍進入警戒狀況。八月四日，步兵四個連隊約五百人，砲兵一排攜帶山砲二門，匆促開出營門，趕往噍吧哖。

日警先頭隊約一百九十名進入噍吧哖後，余清芳的大部隊也迫近噍吧哖山下，作包圍態勢。破曉前，余清芳下達攻擊命命，大鼓銅鑼震天價響，山鳴谷應，更增加氣勢，一千五百名抗日勇士，怒號叫囂如天崩地裂，衝入噍吧哖市內，和持有現

抗日義軍的武器

代化武器沉著應戰的日本警察隊，展開一場凶狠的肉搏戰。

抗日軍憑藉人數優勢，將日本警察隊殺得遍地橫屍。不久第二波日警後援隊趕到，立即使用優勢火力，並施放煙幕彈，企圖阻止抗日勇士的推進，可是抗日軍戰志高昂，一波波衝進敵人陣中，使日本後援隊狼狽不堪，無法鎮壓抗日軍。雙方打到日落西山，噍吧哖昏天暗地，鬼哭神號，當地的日警及日本平民利用煙幕逃進糖廠避難，連平常台灣老百姓也閉門自守，市街成為無人之境。

自承氣數已盡

兩天後，從台南開來的日本陸軍部隊，集中火力使用山砲，從抗日軍背後轟擊，與內部的警察隊相呼應，局面頓時逆轉，雙方再次展開激烈的肉搏戰，抗日軍雖然死傷累累，日本警察也死傷不少。鬥志高昂的抗日軍，遭到日軍優勢火力的反擊，開始陣容動搖，終於潰不成軍。余清芳認為回天無力，只好鳴金收金。雙方遺棄的屍體和護身神符散亂滿地。

余清芳的抗日軍潰散後，日警立刻展開搜捕的行動。逃散四處的抗日義軍，大多匿藏山中，可是日方緊迫盯人，被捕或拒捕而被殺的事層出不窮。余清芳與江定一度再次集合三百多名義軍，企圖重整旗鼓，可是因為糧食極度缺乏，最後欲振乏力，隊員一個個脫離行列，余、江不得不承認氣數已盡，兩人約定暫時分開，等待機會再謀大計。江定率領四個親信消失叢林中，余清芳也帶領殘存的十一位同志，成為亡命之徒。

余清芳為找尋食物，不得不派出三名部下，向民眾徵收米糧。三人出發後卻如石沉大海，不見蹤影。一九一四年八月二十四日，噍吧哖會戰後十四天，這八名志士到達五萊庄。因為日本人設計的保甲制度，他們不敢掉以輕心，可是村民的態度卻出人意外的親切，該村的保正很誠懇地向他們表示：願意供應糧食，並提供安全路線讓他們逃亡。余清芳以為台灣同胞而卸下心防，在保正再三敦請下，進入保正家大廳。

江定被俘

中計被捕的余清芳及抗日志士

余清芳被捕

從容就義

連日來的逃亡和飢餓，突然獲得休息，更換了乾淨的衣服。余清芳一行八人，把武器放在一旁，正要開始享用熱騰騰的米飯，保正突然臉色一變，一聲令下，外面待命的村民一起擁入，余清芳等八人當場中計，被自己同胞俘虜，送交噍吧哖支廳的日警。

余清芳被捕三天後，即開始公開審判，至十月三十日終結，被告共一九五七人，其中八百六十六名判處死刑，如此大規模的死刑宣判，震驚國際，輿論譁然。日本國會對台灣總督處置失宜慘殺過甚，也議論紛紛。台灣總督安東貞美乃藉大正天皇登極所頒布的大赦令，宣布除已就地正法的九十五名外，其他死刑犯全改為無期徒刑，有期徒刑

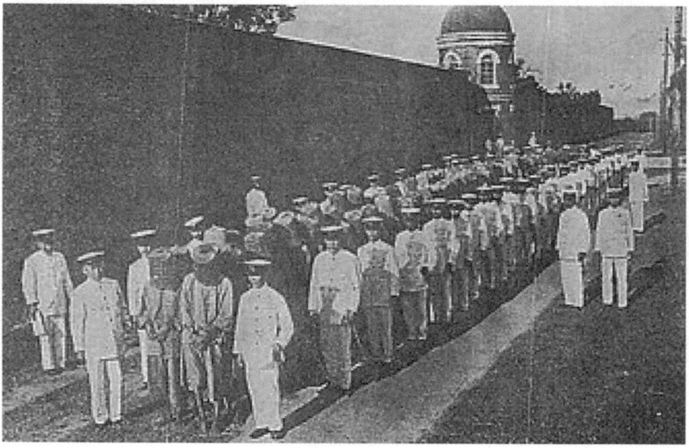

噍吧哖事件人犯送審

則減為一至四年。

羅俊、余清芳等被判處死刑，臨行前皆從容就義，其狀連在場日本憲警都肅然起敬：「及至宣布執行死刑之際，毫無留戀不捨之狀，首魁以下數十人，皆從容登上絞首台」。死時年齡平均三十五歲。

從容就義的余清芳

噍吧哖大屠殺

噍吧哖事件史稱「噍吧哖慘案」或「噍吧哖大屠殺」。除抗日義軍戰死三百多人外，還有大約兩萬至三萬五千無辜民眾，慘死在日本軍警手裡。當時日軍警定下誘殺計劃，先高掛安撫招牌，倡言歸降者免死，以招來在逃民眾。待大多數庄民回鄉後，日人又藉詞欲加以訓話，分別善惡，命庄中壯丁攜鋤具，整列在郊野掘壕，待壕掘成即開排槍掃射，然後悉葬於壕內。被屠殺後的噍吧哖一帶，四野荒蕪，漫無人煙，草菅人命的總督府不得不把北部居民移往該地。現今台南玉井一帶的居民，大多是「西來庵事件」後，移往該地者。

從一九一五年之後，台灣再也沒有發生如此大規模的抗日事件。遠在明治二十九年，也就是日本據台後的第二年，總督桂太郎就公布「臨時法院條令」，規定平民不受軍法管轄，如有暴動發生，應交由發生事件的地方法院審判，不受當地行政及軍事單位的管轄。到了兒玉源太郎總督時期，為了對付全島如火如荼的抗日行動，又要避免誤殺即濫殺無辜，以免失去民心，所以制定「匪徒刑罰令」。

當時的政策是：對付暴力反日的「匪徒」，處罰要嚴厲，但是要有法律依據。可是，因為「匪徒刑罰令」太過嚴苛，台灣人

鎮壓「西來庵事件」的軍警

民時時刻刻都生活在被「凌虐」的狀態之下。一九一五年「余清芳事件」後發生的「噍吧哖大屠殺」，充分說明了「匪徒刑罰令」的違反人道，連日本法律學較有良心的「人格者」都看不下去，而紛紛加以批評。

祖國無力支援

一九一八年，出身台中霧峰望族的林獻堂，東渡日本，特往奈良拜訪梁啟超，探詢中國協助台灣抗日的可能性，梁氏的回答是：「在今後三十年內，中國絕無能力幫助台灣人爭取自由。應力勸台灣人別輕舉妄動，遭受無謂的犧牲。」他建議應學習愛爾蘭對付英國方法，與中央要人溝通，以影響總督府，不要太壓迫台灣人。

梁啟超這番話明白表示：台灣人抗拒殖民統治，爭取自由的意願必須依賴自己，別無他途。在日本高效率統治之下，只有以體制內的方法進行非暴力鬥爭，才是正確的運動路線。這番話奠下日後台灣議會請願運動的肇始。到了大正十四年，也就是西元一九二五年，日本殖民才頒布「治安維持法」，次年又頒「暴行行為懲治法」，從此之後，總督府就很少再用苛虐致人於死的「匪徒刑罰令」來凌虐台灣人民。

第七節　霧社滅族悲劇

在總督府採取新政策之後，確實有愈來愈多的台灣人甘於做日本殖民政府統治下的二等國民。這樣的順服，一方面是因為「噍吧哖大屠殺」過於血腥，一方面則是因為日本殖民政府採取了較為柔軟的手段，能夠採納本地菁英的某些建議，希望他們能夠從內心深處，變成日本統治下的「皇民」。這種心靈深處的激烈鬥爭，最後終於演變成一九三〇年爆發的「霧社滅族悲劇」。這場悲劇的意義必須放置在宏觀的歷史架構中來加以理解。

滅族悲劇

莫那魯道（Mona Rudo）是台灣原住民賽德克族德克達雅人，生於南投縣仁愛鄉，馬赫坡社，自幼天資聰穎，深受馬赫坡頭目鐵木羅勃（Temu Robo）的愛護，頭目對他視如己出，將傳統規範（Gaya）、四時祭儀、農稼焚墾、做人

莫那魯道

處事應對進退，乃至博擊狩獵、攻略防禦、策略聯盟等思維，均毫無保留的傾囊相授。

莫那魯道身強體健，猛膽識過人，年紀輕時即隨同族人，迎擊敵族，獵得敵人領隊首級，而名聲大噪。他勤奮耕作，善於狩獵，常在中央山脈山區獵得水鹿，摘取鹿茸後，換回牛隻飼養，其放養之牛隻為全霧社之冠。他生活富裕且為人慷慨，對部落紛爭能公正排解，因此頗受賽德克族群各部落頭目的敬重。在馬赫坡原頭目鐵木羅勃之後，他就被族人推舉為新任頭目。

一八九七年，日本勢力開始進入霧社賽德克族群的生活領域，並在各地廣設駐在所，由日警嚴密監管各部落。日警每月在駐在所召集各部落頭目、勢力者，召開會議，進行改變舊習、指導改良衛生、生活改善、生產經濟、道路修補等工作。

文化衝突

日本殖民主挾其優勢武力及權力，以「先進文明」及「優質文化」自居，強制採行「同化政策」，在兒童方面，藉由實施「蕃童教育所」推行各種「教化」及「授產」措施；在成人方面，則是透過社會教化團體，安排頭目或有勢力者赴內地觀光，使對日本產生景仰心理，同時又鼓勵日警藉「和蕃」，拉攏原住民各族群部落之頭目，以收招撫效果。

然而，日人進駐霧社後，隨即徵召族人從事各項工作，在族人歲時祭儀、耕種及狩獵等生計活動期間，猶強制勞役，與族人崇尚自由、不受束縛的習性大相逕庭，賽德克族人自覺族群的主體性受到前所未有的拘束和破壞，經常發生生活上的摩擦及衝突，族人對日本的統治積怨更深，引燃族人抗日之決心。

日警「教化」蕃民

明治末年，谷恩社頭目向駐所借到獵槍，上山打獵，回程行經哈本溪駐在所，駐在所巡查發現他獵得一隻山豬，乃邀請頭目入內飲酒。酒酣耳熱之際，頭目見天色漸晚乃向巡查告辭，惟巡查仍頻頻勸酒，頭目亦頻頻以「BAKA」（夠了）回應，因為文化差異及語言隔閡，產生誤解，頭目遭到日警圍毆，返家數日後因內傷而亡。

奔向彩虹的戰爭

一九三〇年，十月七日近午時分，馬赫坡社正辦理婚宴，適巧兩位日本巡查經過，莫那魯道長子達德莫那熱情邀約，尾上駐在所吉村巡查見其雙手沾有血跡及碎肉，心生嫌惡，而以手杖撥開，遭致反擊，為莫那魯道制止。事後莫那魯道攜「栗酒」二度登門道歉，日警

原住民接受日本文化

不僅不予諒解，甚至宣稱近日內將對莫那魯道父子施予嚴懲，讓莫那魯道家人及族人憂心不已。當時被迫為日本人搬運木材的族人經常到馬赫坡社向莫那魯道訴苦，不堪日人奴役，莫那魯道親身感受族人痛苦，引燃他伺機抗日之火苗。

一九三〇年十月二十七日，台灣神社祭前一天，霧社地區依例辦理運動會，馬赫坡社頭目莫那魯道召集族人，發動殲滅所有日本的突擊行動。這將是一場捍衛傳統規範（GAYA），奔向彩虹橋的祖靈，視死如歸的戰爭，賽德克族共有六個部落參與起事。因為抗日是全體族人的共同意志，當天的突擊行動計劃殺死日本人一百三十四名，傷二十六名，誤殺穿著和服漢人兩名。

「以番制番」，施放毒氣

霧社事件爆發後，六個抗日部落族人旋即退入塔羅灣溪、馬海樸溪流域的茂密山林，作為據點，並構築防禦工事，消息傳開，震驚全台及日本內地，台灣總督府立即集結兵力反撲。日本軍警字埔里經人止關上山攻入霧社，因事發時，巴蘭社頭目瓦歷斯布尼本來就不贊成舉事抗日，事發不但制止部落族人參與，而且協助藏匿日人，逃離霧社，故日人返回時，並未遭遇抵抗，即順利進入霧社地區。

日軍警駐霧社後，開始與抗日勇士展開激戰。除地面軍警部隊外，先以飛機空中掃射並投彈，莫那魯道么子瓦歷斯莫那就在第一次轟炸時被炸身亡。接著日方以砲兵部隊猛轟抗日陣營，再以地面精銳軍警部隊強攻猛打，卻一再被善於在山林游擊戰之抗日勇士擊退。日軍與抗日勇士隔溪對峙，久攻不下，最後甚至以飛機施放「糜爛性毒氣」，抗日勇士及族人多人因此喪生。

集體自殺

莫那魯道眼見大勢已去，下令家人及抗日勇士不得投降，死也要死得有尊嚴，要依照祖訓以及祖靈接受的方式，戰死或自我結束性命，絕對不能活著讓敵方斬首。於是，莫那魯道自己選擇了斷的方式，在叢山峻嶺中開槍自殺。

他的次子巴索莫那，在率領抗日勇士圍攻日軍營隊時，遭敵軍擊中下顎，痛苦不堪，他央請夥伴幫他結束性命，但平日情誼深厚的夥伴們無人敢下手，最後竟由

日軍以蕃制蕃

親大哥達德莫那幫他完成心願。

而達德莫那本人從起義當天起，即率領抗日勇士奮戰不懈，在彈盡援絕時，終於跟最親信的夥伴們，在馬海僕溪崖邊，各自選了粗壯的大樹，套上繩索上吊了結生命，一起奔赴彩虹彼端的祖靈故鄉。十一月八日，日軍搜索隊終於發現「花岡一郎」及其家族二十餘人的屍體，「在森林中如同簾子般吊掛著」。

滅族計劃

「霧社事件」中，日本前後出動警察及軍隊四千多人，以絕對優勢兵力和各式精良武器攻打抗日族人。抗日族人因傷亡慘重，後援無繼，終於在燒毀自己家園後，於十二月八日在馬赫坡後山岩窟，集體自殺。四十三天的戰役結束後，族人共有六百四十四人犧牲，其中女性計三百一十二人，男性計三百三十二人。

但這場悲劇，並沒有因此結束。霧社起義後，殘留的五百六十一名抗日遺族遭到拘捕，分別拘禁在杜羅杜夫及西岥內地的保護番收容所，以嚴密的警力和防禦措施，嚴與監管。

一九三一年四月二十五日，日人再度利用族群嫌隙，用「以番制番」的手段慫愿TODA族群（親日番）壯丁，攻擊手無寸鐵的抗日遺族「保護番」，六社遺族經此事件，僅二百九十八名倖存，大多為夫離子散、家庭破碎的老弱婦孺。

之後，日人又於一九三一年五月六日，將六個部落的遺族分兩梯次，強迫遷移到川中島，即今日的清流部落。但因日人心中憤恨未消，再於一九三一年十月十五日，以「歸順式」名義，將曾參與抗日的二十三名遺族予以羈押，凌虐至死。霧社賽德克族從此人數遽減，勢力不再，無數家庭，家破人亡，族群文化斷層，社會崩解，清流部落遺族，心靈長年籠罩在恐慌的陰影中，絕口不願再提「霧社事件」，很多人從此不忍回頭探望自己的原鄉—霧社。

日警「以蕃制蕃」

第六章　被屈辱的台灣

本系列一部曲指出：中國從漢代以後，就逐漸發展成一種「沒有兵的文化」，這種現象，尤其是在宋代以後，更為明顯。相對之下，日本直到明治維新時期，社會仍然是以武士階級作為主導勢力。「知兵的文化」必然知道如何尊重「可敬的對手」。這一點，從日本殖民政府對待蕭光明及其他抗日義士的態度（見本書第三、四章），可以看得最為明顯。

即使如此，日本殖民政府對於生活在台灣這塊殖民地上的人民，仍然始終心存歧視，不僅在口頭上稱之為「清國奴」，而且千方百計地要把這些腐敗、落後的「清國奴」改造成為「現代化」的順民，供殖民主奴役。這一點從本書第四章的論述，可以看得最為清楚。這樣的努力，表現在日本殖民後期的「皇民化運動」上，其目的則是要讓台灣人心甘情願地當「軍夫、軍屬」，到中國大陸及東南亞戰場上充當砲灰。

本書的主要目的，是要從人類文明發展的角度，提供一種「文化中國」的史觀，來釐清未來台灣的可能出路。要達成這樣的目的，我們必須公正客觀地評估歷史上發生的事件，不可以自己的政治意識形態，刻意扭曲歷史事實。在我看來，蔡英文當選總統之後，親綠人士在琉球所建立的「台灣之塔」，完全扭曲了歷史事實，它代表了一種顛倒是非的「自我殖民史觀」，是對二次大戰期間，被迫入伍當「軍夫、軍屬」台灣人的最大侮辱。因此，本章刻意以「被屈辱的台灣」為名，並以客觀的歷史事實，說明這塊碑文為什麼是對台灣的「屈辱」。

偏頗的歷史觀

不久之前，立法委員高金素梅曾經在立法院提出一場有關「台灣之塔」的質詢。中秋假期，我到琉球旅遊，刻意安排去參觀「台灣之塔」，發現其碑文的內容很能夠說明：獨派意識形態所要塑造的歷史觀。「和平祈念公園」位於琉球南端，是二次大戰時美軍登陸之處，也是太平洋戰爭最後的決戰場。公園內有一佔地六百坪的「韓國人慰靈塔」，公園東北角的「靈域區」，設有日本三十二府縣的「慰靈塔」，紀念來自日本各地的戰歿人員，每一座塔佔地約兩百坪。其中最為獨特的是「台灣之塔」，佔地僅有二十三坪，署名「總統蔡英文」，還有一塊碑文：

為悼念二次大戰中獻身沙場的台灣戰士，我們建立「台灣之塔」，在此摩文人之丘，台灣戰士崇高志節，埋沒七十年無以彰顯，殊感哀傷。日台兩地有志之士募集善款加以援建，使世世代代、可資憑弔。當年日台戰士皆為同胞，生死與共，榮辱同擔。來自台灣英勇參戰二十多萬人中，三萬人戰歿，一萬五千人失蹤。無論時代如何變遷、族群國家如何分隔，凡犧牲一己性命守護他人之義舉、不應被後世遺忘。為了回報戰時受到台灣各方恩澤、土地由沖繩翼友會提供，期盼成為親善交流橋樑，鞏固日台的恩義連結。

祈禱台灣戰歿犧牲者靈魂都能安息！也希望來訪朋友們，體認前人深刻情誼，持續予以發揚光大！

至痛無言

琉球本來是獨立王國。明治政府以「琉球處分」為名，用武力強行併吞，設置沖繩縣，並推行皇民化政策，禁用琉球方言，要求琉球人改姓名，使其日本化。

一九四五年三月底，美軍在太平洋戰場以「跳島戰術」反攻，爆發了歷時九十天的「沖繩戰役」。琉球的文化遺產破壞殆盡，二十幾萬人喪失寶貴生命，其中十幾萬人是平民。除了死於戰火的和戰敗自盡的軍人之外，還有許多平民死於餓死、病死，甚至被戰敗的「自國軍隊」強迫自殺。

琉球人親身體驗戰爭的極度殘酷，為了反抗美國「軍事支配」的沉重壓力，也為了追求和平，發揚人性，並否定一切形式的戰爭，所以設立這所「平和紀念館」。靈域區內絕大多數的紀念碑，都只寫地名，或簡略介紹「慰靈」的對象，例如「特攻之碑」，上面只寫著「第十九戰隊」。反映出琉球人反戰及追求和平的「至痛無言」。

相形之下，「台灣之塔」碑文的用字遣詞反映出一種偏頗的歷史觀點，不僅扭曲了歷史事實，而且無法說明當年台籍日本兵的艱難處境。二次大戰前，日本認為其殖民地的土地為日本國的一部分，但人民則有區別。日據時代，台灣人稱「本島人」，日本人叫「內地人」；日本國內的法律稱為「內地法」，台灣朝鮮殖民地實施的為「外地法」，日本內地為依「帝國憲法的規律施行一般統治的地域」，而外地則為日本帝國憲法不涵蓋的「一般統治的例外」（所謂異法地區）；其內容係殖民地長官（台灣總督）發佈代法律之命令（律令），或由日本中央政府以天皇名義發佈之敕令把日本本土之法律（一部分或全部）施行於台灣的法律。

日本人認為當兵是日本男兒的「本望」（願望），非日本人不可當「日本兵」。二次大戰之初，台灣人並沒有資格當「日本兵」，只能當「軍屬」或「軍伕」，到中國大陸華中、華南、華北各地，協助日軍作戰。「軍伕」擔任炊事、衛生、搬運「兵站物品」等後勤工作。「軍屬」則大多為中學校畢業生，懂當地語言，擔任通譯、宣撫或調查工作；兩者都不是武裝部隊內的編制，不准攜帶武器。在日軍「軍人、軍馬、軍犬、軍屬」的嚴格序列中，「軍伕」和「軍屬」只能算是附屬日軍的最低層勞務存在；統計一九四〇年台灣人軍伕的工資為一百圓，而日本二等兵薪資為六百圓，毫無「平等」可言。

「皇軍」或「清國奴」

周婉窈主編的《台籍日本兵座談會記錄並相關資料》收錄了一篇〈台灣人派遣海南島之始末〉，作者胡先德於一九四二年考入日本海軍陸戰隊，擔任通弁，被派到海南島北黎戰區黃流附近的新街分遣隊。當時日軍無法控制海南島全局。在共產黨和國民黨游擊隊出沒的地區，一個村莊通常有三個村長，分別應付三方人馬。通弁的工作是協助日軍，蒐集軍事情報、翻譯、審問戰俘、核發「良民證」。作戰時除擔任嚮導外，諸如開闢道路，構築兵舍，三餐應用，徵用人工或徵收物件，都由通弁透過村長向居民徵購，「價錢比市價便宜甚多，象徵性而已」。因此戰後，有許多通弁被當地居民打死或重傷。

有次，北黎戰區內的四更村附近，有共軍出沒。一名日本軍官帶隊前往掃蕩。因為戰術判斷錯誤，二、三十名共軍全部安全脫逃，無一受傷或被俘。該帶隊軍官惱羞成怒，命令士兵逐戶搜索，將村內男女老幼集中於村中空地，架起機關槍，擺出射殺姿勢。村民見狀驚惶哭叫，日軍所派村長抱住胡先德的大腿，哀求「救命」。胡先德向軍官求情：「村民無武力，無論皇軍或共軍來，只有服從，請嚴予命令今後多與皇軍合作。」該軍官嚴詞責問他：「你是皇軍或清國奴？」最後雖未殺害村民，胡先德已感受到日本軍官不信任台籍軍屬的潛在意識。

「皇軍」或「清國奴」是絕大多數台籍日本兵必然會遭遇到的認同問題。當年幾乎所有的台籍日本兵都可能因此而面臨強烈的心理煎熬。然而，這是不是「台灣之塔」所要傳遞的訊息？

「志願兵」與「特攻隊」

一九四二年，太平洋戰爭逆轉，日本才開始在台灣徵「志願兵」，到南洋和海南島作戰。周婉窈主編的《台籍日本兵座談會記錄》還收錄一篇「櫻特攻隊」的訪問稿。一九四三年日本在南洋節節失利時，受訪者盧永發正在台灣北部礦區一所小學任教，配合動員協助軍醫辦理志願兵身體檢查工作。午息時，有位海軍軍官問他：「當老師的教學生忠君愛國、為國犧牲，你是不是

沒有生活費的志願兵家屬

1942 年日本開始在台灣徵志願兵

跟今天受體檢的人一樣，也有志願從軍的勇氣？」身為獨子的盧永發只好簽上志願書，離開待養的母親，成為第三期志願兵，於一九四四年八月入營受訓六個月。

入營第一天，部隊長就說：「現在起你們的社會地位、學歷、經歷，什麼都沒有了，你們的生命價值只有一角五分錢（明信片一張），『為國戰死』，一句話便結案。」

「日本兵」入營後，原服務單位要付本俸給其家族作生活費，但盧永發是「志願兵」，所以他原來服務的小學也不必付生活費給他母親。不僅如此，「志願兵」和「日本兵」在軍中的職務也不同。

「獻身沙場」的「崇高志節」？

盧永發結業後被分發到宜蘭「櫻特攻隊基地」擔任整備兵。當時台灣四周空海已完全由美軍控制。他們是預科練習生，十七、八歲的小男生，經過飛機駕駛訓練後，一心一意準備為天皇犧牲性命，希望達成「一機對一艦」使命。

神風特攻隊員的黃泉之路是由抽籤定順序的。出發前三天，他們被招待到宜蘭市區的海軍招待所「吾妻」料亭，「日本妓女、朝鮮Ｐ、台灣查某豔裝相待，吃喝玩樂隨你便。體會一下大男人該有的全部享受，讓你死而無憾。」

「出發前一晚要舉行活喪禮。這一群小男生身穿白色襦袢（和式內衣），跪坐在神桌台上，供著水果，白陶皿杯盛滿清酒，如同供神。由神社的神主（神和尚）誦讀祭詞，驅逐惡邪及開導黃泉路後，飲盡清酒而結束喪禮。」禮成後就往寢室享受人間的最後一夜。

這時整備兵須趕回停機場準備。大約清晨四時，零式戰鬥機升空後環繞兩圈

日本神風特攻隊

神風特攻隊員

便往海上消失了。約十分鐘後，水平線上升起的微紅火光，就成為晨報的頭條新聞戰果，實現了「預科練」少年的玉碎夢，這些少年就如櫻花般凋落了。

一九四五年八月十五日，日軍投降時，許多日本軍人從收音機聽到天皇「御音」的投降宣告，個個痛不欲生，抱怨失去獻軀機會而放聲大哭。盧永發他們這群整備兵卻「莫名其妙，是憂？是喜？一時失去了綁身的枷鎖，卻像也失去重心的感覺。不得不佩服日本忠君愛國教育的成功。」即便是「志願兵」，他們真的是因為懷有「崇高志節」而「獻身沙場」的台灣戰士嗎？

「守護他人之義舉？」

根據日本厚生省的記載，從一九三七到一九四五年間，台灣總督府總共招募了軍屬、軍伕十二萬，軍人八萬，總共二十萬；其中三萬多人陣亡。在台灣志願兵中，有一些人被派到南洋去當「盟軍戰俘營監視員」。他們所受的「基本軍訓」之一，就是學習如何打耳光。

到了南洋之後，他們「穿著英挺的日軍制服，背著上了刺刀的步槍，在俘虜營前站衛兵」，命令被日軍俘虜的盟軍士兵「挑砂石、挖地洞、採銅礦、建機場，在最飢餓的狀態下做苦役。」

在必要時候，他們也會在日本軍官的指揮之下，凌虐戰俘。這種在武力挾迫下的行動，可以說是「犧牲一己性命，守護他人之義舉」嗎？「無論時代如何變遷，族群國家如何分隔」，「台灣之塔」希望台灣人不要遺忘的究竟是什麼？

戰後的紀錄顯示：盟軍在日軍俘虜營中總共有三十五萬人，每一百名俘虜中有二十七名死亡，是盟軍在德國和義大利戰俘營中死亡率的七倍。在戰後的審判中，有一百七十三個台籍「日本兵」被起訴，其中二十六人列為「甲級戰犯」，被判死刑。另外七個人因為「於北婆羅洲的美里及其附近，射殺及刺殺四十六名俘虜」，一審被判死刑，一個月後再審，改判十年徒刑。

在南洋的台籍志願兵

「生死與共，榮辱同擔」？

在《大江大海》中，龍應台提到：二〇〇九年，她循線到彰化縣和美鎮訪問七人之一的柯景星，對這位已經九十多歲的老人進行訪談。他描述當時狀況：「我們十幾個人把四、五十個俘虜圍起來」，「隊長杉田鶴雄就命令我們殺人。不服從命令，我們就要被殺。」「之前有教我們刺槍術，教刺槍術的教練是在天皇前面表演第一名的。」「隊長一聲令下，就統統用刺刀刺死。」

戰後審判時，這群台灣兵坐在椅子上，軍事法庭安排澳洲俘虜出庭指證，「一個耳光換五年」，柯景星當場被判死刑。他的感覺是「我真的要死了嗎？死了還沒人哭啊！」「第二天改判十年，很高興！」他被關七年半之後，因為英皇登基才被特赦，回到台灣。

胡先德的口述歷史也提到，被徵召到中國的台籍軍屬尚且被日軍視為戰爭工具，戰時當地居民投靠日軍，擔任維持會會長或自衛隊長等，其下場比台籍軍屬更慘。北黎戰區有一重鎮，叫做黃流，設有自衛隊。八月十五日，日本無條件投降，日軍將此消息祕而不宣。其後第一或第二天，胡先德看見很多戰友往海軍病院走，也隨著走到病院。發現該黃流自衛隊長被綁在鐵製病床上，正活生生被解剖，慘狀無法形容。他問戰友：「誰下的命令？」答說：「副官下的。」胡先德不忍心看下去，趕快離開。九月下旬國軍接收時，這位副官高崎上尉被國軍逮捕，送往廣州軍法審判。一九四九年國軍撤離廣州時，據說該副官從獄中逃脫，潛回日本，為報社寫文章。

戰爭結束後，日本軍民即於戰敗之年年底，全部平安回抵日本。他們將台籍軍屬棄於戰地，任其自生自滅，不管他們是否會被當地居民打死。胡先德因而感嘆「船過水無痕」，作為侵略者的工具，下場總是「飛鳥盡，良弓藏，狡兔死，走狗烹」！

「南進政策」的戰爭工具

日本人對原住民的研究起源甚早。昭和元年（一九二六年），畢業於哈佛大學的移川子之藏來到台大前身的台北帝國大學，設置「土俗人種學講座」，從事「人種學」研究。兩年後，東京帝大出身的飯詔龍遠教授及力丸慈圓副教授也連袂來台，在台北帝大創設「心理學研究講座」。當時日本非常崇拜德國在科學研究方面的成就，「心理學研究室」向德國購買了一百三十多件實驗儀器，可是卻沒有用它們作過任何學術實驗。

一九三〇年，霧社事件爆發，日軍參謀和知鷹二鑑於原住民對日本軍警作戰英勇，以寡擊眾，因此建議：若能徵召原住民替日本作戰，應能對日本有所貢獻。為了配合當時日本政府的「南進政策」，當時台北帝大的主要研究方向，是調查台灣山地原住民的智力、形狀知覺、色彩偏好、民族習性與懲罰制度等，準備到南洋作戰。

根據某些獨派作者的說法：「高砂族本來就具有日本古代的『武士精神』，加上受過日本教育，『日本國民』的意識非常強烈」。當年台灣總督府招募「志願從軍高砂青年」，公告一出，竟在山地部落掀起「不志願非男人」的從軍熱潮。「第一批應徵者高達五千人。他們拿著祖先傳承的番刀應徵。其中不少人提出『血書』，爭先恐後，志願從軍」。

日本古代的武士精神？

一九四二年三月，第一批「高砂族挺身報國隊」五百人赴菲律賓參戰，五月七日擊退巴丹半島美軍而聲名大噪，後來，日軍又陸續送了七批「高砂義勇軍」到南洋作戰。「他們盡忠盡職，茂密的叢林好像是自己的家園，視、聽覺及方向感像野獸一般敏銳，狩獵所養成的神槍手更比比皆是」。

日本軍官普遍認為：「高砂隊員英勇、服從、為長官效命及犧牲奉獻的精神」，連日軍也難望塵莫及。然而，在那個時候，美軍已經在太平洋戰場展開反攻，日軍在台灣上空也已經失掉制空權，許多裝載台籍「志願兵」赴南洋作戰的艦隊，還沒開出港口就已經被美機炸沉，因此，犧牲也特別慘烈。

高砂隊員總數約四千人，估計有超過三千以上的

高砂義勇軍

人戰死。其中取名「薰空挺身隊」的傘兵部隊，乘坐飛機以機腹迫降雷伊特島的機場，試圖奪回機場，結果是全軍覆沒，無人生還。

即使「高砂義勇軍」真的是有心協助「日軍把白人帝國主義者趕出亞洲」，日本政府對他們的回報又是什麼？

「日台的恩義連結」？

台灣原住民李光輝，是陸軍一等兵。二戰結束後，仍躲藏在印尼的摩洛泰島山區，獨自生活近三十年。一九七四年被發現後才被送回他的故鄉，台灣台東。當時日本政府發給李光輝日幣六萬八千元。但是同一時期在關島山洞被救出的二位日本兵，橫井庄一領了一千萬日幣，小野田寬郎是少尉軍官，所以領二千萬。當年的「日台戰士」，真的「皆為同袍」，「生死與共，榮辱同擔」嗎？

明治大學宮崎繁樹教授因此發動組成「台灣人

李光輝返回故鄉

元日本兵士補償問題思考會」，並組成八人的律師團，邀請台灣人鄧盛等十三人當原告，向日本政府及國會要求賠償包括貯金、未給付薪俸其他等等。一九八二年東京地方法院的審判長牧山市治，針對這一案件的判決是：「台灣人的告訴非常值得同情，但是沒有法律上的依據。」所以不是敗訴，而是「棄卻」（駁回）。

當時告訴團團長鄧盛在法庭上大發雷霆說：「這種天理難容的判決，是不是日本已沒有正義、人道？日本人是沒血沒淚的嗎？」宮崎繁樹是有良心的日本知識份子。然而，這是「台灣之碑」所要鞏固的「日台的恩義連結」嗎？

一九八七年九月二日，日本國會終於通過「台灣住民元日本兵、軍人、軍屬、戰死者等之慰問金法律案」，決定戰死者慰問金每人日幣二百萬元。日本政府之所以堅持：他們對類似案件只能發給「補償金」或「慰問金」，而不能給予「法律的

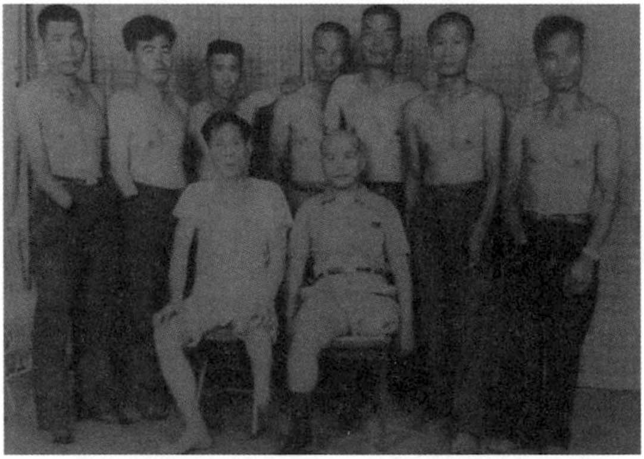

領不到「賠償金」的台籍傷兵

賠償」，便是因為：他們從來沒有把殖民地的人民當作「日本國民」。「台灣之碑」所要「發揚光大」的「前人深刻情誼」到底指什麼？

「台灣人的良心」？

一九九四年諾貝爾文學獎得主大江健三郎在《沖繩札記》一書中記載：一九四五年美軍登陸渡嘉敷和座間味等小島時，日軍強迫島上數百名居民到軍營中集合，高呼「天皇陛下萬歲」，然後引爆手榴彈，集體自殺。座間味是美軍最早登陸之處。

「平和祈念資料館」的第三展示室，企圖展現在美軍猛烈砲火及火焰噴射器攻擊下，當地居民感受到的「死的徬徨」。其中有一家人的塑像，畏縮地躲在山洞裡，母親用手掩住孩子的嘴巴，生怕他哭出生來；旁邊站著一個日本兵，手持著刺刀的長槍，擺出威嚇的姿態。

大江健三郎

大江說：「天皇陛下萬歲，這個具有象徵性的話語，對受到侵略及被殖民的亞洲人來說，卻是帶來死亡的侵略軍的呼喊。」他深入反省並批判日本軍國主義的精神根源，因此被稱為「日本人的良心」。

二〇一六年六月，上任剛滿一年的蔡英文，偕同一群台、日政要，到琉球參加「台灣之塔」的落成典禮。蔡英文似乎不知道日本併吞琉球的歷史，我們的「駐日代表」可能沒有帶領她去參觀這座號稱「阿鼻地獄」的展示室，但她顯然同意這樣的碑文，所以才會千里迢迢跑來參加這個落成典禮。可是，這樣的碑文能夠彰顯出「台灣人的良心」嗎？她署名的「總統」，到底是哪一國的「總統」呢？

「阿鼻地獄」展示室

「選擇性的轉型正義」

二次大戰期間，德國納粹和日本軍閥站在同一陣線，蔣介石則是東方戰場上主要的抗日作戰領導人，他跟當年許多國家的領導人一樣，都犯過許多過錯。他抗日有功，治國有過；這樣的功過必須交由歷史學家來作客觀公正的評估。第三次政黨輪替之後，蔡政府對日本政府在二次大戰前後的諸多作為不敢稍置一詞，反倒不顧一切，動員他們所掌握的權力，通過立法搞黨產會、促轉會，宣稱要「清算」蔣介石帶領的國民黨在同一時期所犯的過錯。這難道不是一種「選擇性的正義」嗎？

「為國作見證」？

綠營這種「反中媚日」的歷史觀，可謂其來也有自。一九八七年，「台灣住民日本兵士告訴團」向日本政府索取賠償未付軍餉、儲金和保險金，要求與日本復員軍人一樣的賠償和年俸，到東京街頭示威遊行時，不但遭到日本政府的漠視以及日本人的冷眼相待，當時已經掌握台灣政治大權的李登輝，因為種種因素，而視若罔聞，不置一詞。

到了二〇一八年六月，他卻以髦耋之年，坐著輪椅到琉球去主持「原台灣人日本兵」的慰靈碑的揭幕式。元月二十三日在抵達琉球的晚宴上，他就猛烈批評：「中國的霸權心態，毫不避諱，展露無遺，可說是當前亞洲最不安定的因素」。次日，他又到了琉球的「和平紀念公園」，在晴空烈日下為在晴空烈日下為「慰靈碑」主持揭幕式。主要儀式的進行是由李登輝全程作日語演講，而蔡政府派駐日本的「台北駐日經濟文化代表處」的謝長廷全程隨侍，顯示蔡政權對李登輝的支持。儀式結束時，李登輝還帶領會長，用日語三呼「萬歲」！這難道不是大江建三郎說過「帶來死亡的侵略軍的呼喊」嗎？這塊號稱「慰靈碑」的大石頭其實只刻著李登輝所提的「為國作見證」五個字。

令人困惑的是，它到底是為哪一個「國」作見證呢？李登輝衷心認同的「國」，是二次大戰前的「大日本帝國」嗎？它難道不是已經是走入歷史了嗎？怎麼還可能成為當前台灣人民的認同對象呢？

第二部　滿洲國·汪記民國

第七章　末代皇帝的認同危機

家父黃子正因為當過末代皇帝溥儀的私人醫師，家中藏有一副溥儀年輕時戴過的墨鏡。過去胡忠信邀請我上他主持的節目，談「台灣人在滿洲國」。在節目進行的過程中，胡忠信問了我一個問題：「溥儀寓居天津的時候，總是戴著一副墨鏡，從心理分析的角度來看，這有什麼意義？」

下節目後，我再次仔細閱讀溥儀晚年所著的《我的前半生》以及相關著作，發現青年溥儀之所以戴墨鏡，跟他所面臨的認同問題有極其密切的關係，很值得我們從心理史學的觀點來加以分析。

溥儀一生曾經三次登基稱帝，是人類歷史上絕無僅有的案例。第一次登基是光緒三十四年（一九〇八）十二月初二。慈禧去世後一個多月，三歲的溥儀由父親攝政王載灃扶持登基，年號宣統。不到三年，辛亥革命爆發，他便退了位。

張勳復辟

民國六年（一九一七），袁世凱在一片反袁聲中氣死，他屬下的北洋軍閥陷入四面楚歌。曾經出任國務卿的徐世昌趁機召集北洋系的首腦、督軍，做出「一致同意復辟」的決定。然而，想獨攬大權的張勳，在發動復辟後，只給了徐世昌一個「弼德院長」的虛銜，又忽略擔任過國務總理的段祺瑞。結果他剛發動復辟，段祺瑞就在馬廠誓師討逆，各地督軍也由「擁護復辟」變為「保衛共和」。「丁巳復辟」前後十二天，張勳便逃入荷蘭使館，而宣告落幕。

復辟那一天，十二歲的溥儀在清室遺老、王公大臣一片興奮的簇擁下，再度登上皇位。在那十二天之間，他每天有一半的時間在毓慶宮，接受人們的叩拜，聽師傅們的指導，看待發的上諭和「內閣官報」，其餘半天的時間「照舊去欣賞螞蟻倒窩，叫上駟院太監把養的駱駝放出來玩玩」。復辟結束後，王公大臣們各個垂頭喪氣，溥儀本人則是「又害怕又悲傷，不由得放聲大哭」。

丁巳復辟之後，民國政局陷入一片混亂。然而，由於北洋軍閥雖然拿張勳當作共同的靶子，他們心中卻大多支持復辟。因此，段祺瑞政府並沒有廢除《清室優待條件》，溥儀一家人仍然過著優渥的生活。溥儀的弟弟溥傑在他的自傳裡說：

到二十幾歲離開為止，我的家庭一直是一個擁有房屋數百間、花園一大座、僕役七、八十名的「王府」。家中一直使用宣統年號，逢年過節還公然穿戴清朝袍褂，帶著護衛、聽差大搖大擺地走在街上。平日家庭往來無白丁，不是清朝遺老就是民國新貴……

第一節　三岔路口的末代皇帝

這座「王府」號稱「北府」。溥儀本人則在紫禁城裡稱孤道寡，在前清遺老們的簇擁下，像皇帝一樣地過日子。更清楚地說，他前兩次的登基和「退位」，並沒有造成他認同的問題。民國十三年九月，第二次直奉戰爭爆發，溥儀才開始面臨他生命中真正的認同危機。

被逐出紫禁城

戰爭之初，吳佩孚的直軍尚處於優勢。十月間，吳部正要向山海關的張作霖奉軍發動總攻擊，一九二四年十月二十三日，吳部的馮玉祥突然倒戈，回師北京，發動北京政變，包圍總統府、車站、電報局以及各政府機構，囚禁大總統曹錕，組建國民軍，企圖奪取中華民國政權。在馮玉祥、張作霖合作之下，吳佩孚在山海關前線的軍隊一敗塗地，吳佩孚等人也逃回洛陽。

溥儀自一九一二年遜位以來，中華民國政府即在紫禁城駐紮有內城守衛隊，隸屬步軍統領衙門，用以維護前清皇室的安全。一九二四年十一月四日，馮玉祥要求攝行大總統職務的黃郛召開內閣會議，修改《清室優待條件》，廢除帝號，不再待之以「外國君王」之禮。馮玉祥的手下大將鹿鍾麟率領國民軍，將內城守衛隊一千兩百人繳械。次日上午，又將駐守在神武門的警察四百八十人繳械，同時發出在離紫禁城不到五百公尺的景山上部署重砲，對準皇宮，威脅溥儀等人即刻搬離紫禁城！

當日下午兩點，溥儀在《修正清室優待條件》上簽字，帶著皇后婉容、淑妃

紫禁城內穿龍袍的溥儀

文繡，以及弟媳唐石霞等人，乘坐中華民國政府備好的車子，由京畿警備司令鹿鍾麟、京師警察總監張璧前導，一行車隊駛出神武門。開向他親生父親載灃居住的醇親王府。

到了號稱「北府」的醇親王府，溥儀下車後，鹿鍾麟走來和他握手，問他：「溥儀先生，你今後是還打算做皇帝，還是要當個平民？」

溥儀說他這時已經懂得「韜光養晦」，所以說：「我願意從今天起就當個平民。」

「好！」鹿鍾麟笑了，他不僅說：「那麼我就保護你」，而且勉勵溥儀：「今後應當以公民的身份，好好為國效力。」

張璧接著說：「既是個公民，就有了選舉權和被選舉權，將來也可能被選做大總統呢！」

三岔路口

溥儀一聽到大總統，心理特別不自在。但他仍然說：「我本來早就想不要那個優待條件，這回把它廢止了，正和我的意思；所以我完全贊成你的話，」「當皇帝並不自由，現在我可得到自由了。」

這大概是溥儀人生中第一次面臨「我是誰？」的認同危機。但他在《我的前半生》中說：這並不全是他的「違心之論」。他確實很厭惡「王公大臣們對我的阻礙」、「我要自由」、「我要自由地按自己的想法去實現我的理想」、「重新坐在我失掉的『寶座』上」。

但他要如何實現自己的「理想」呢？溥儀說：這時他好像是到了一個「三岔口」：「我面前擺着三條路，一條是新『條件』給我指出的，放棄帝王尊號，放棄原來的野心，做個仍然擁有大量財寶和田莊的『平民』；另一條，是爭取『同情者』的支援，取消國民軍的新條件，全部恢復袁世凱時代的舊條件，或者『復號還宮』，讓我回到紫禁城，依然過著從前那樣的生活；還有一條，是最曲折的道路，它通向海外，然後又指向紫禁城。」當時的說法這條路是「借外力謀恢復」。

溥儀說他站在這個「三岔路口」上，受著各種人的包圍，聽盡了他們的爭吵。他們對於第一條路，都認為不屑一顧；在其他兩條路的選擇上，又互不相讓。即使是同一條路線的擁護者，也各有不同的具體主張和詳細計畫。「他們每個人都爭先恐後地給我出主意，搶著給我帶路。」

「還我自由」

以溥儀父親醇親王為首的王公大臣，一心一意想爭取「復號還宮」。他們對國民軍懷著仇恨，卻希望溥儀加以忍受和等待。他們認為：國民軍取消了他的皇帝尊號，溥儀一樣可以在家裡做皇帝。國民軍的統治一露出不穩的徵兆，譬如張作霖、馮玉祥不和，黃郛內閣被拒於使團，他們的幻想就開始抬頭。

他們一面勸溥儀靜待佳音，一面對主張出洋以及出府的人，大肆攻擊。「內務府總管」金梁帶著一份奏摺和替溥儀擬好的「宣言書」，請溥儀對外宣布「敝屣一切，還我自由，余懷此志久矣」！希望溥儀放棄帝號和優待費，把錢拿出來辦圖書館和學校，以「收人心，抗輿論」，同時要「托內事於忠貞之士，而先出洋留學，圖其遠者大者，盡人事以待天命，一旦有機可乘，立即歸國」。他的論點是：「蓋必敝屣今日之假皇帝，始可希望將來之真皇帝」。他的《請速發宣言疏》被醇親王知道之後，對他大怒，稱他做「瘋子」，請他以後不要再上門來。

溥儀本人其實是傾向於「出洋」的，因為這座王府門外有國民軍把守，讓他感覺自己「出了紫禁城，又住進了紫禁城」，更不得自由。這時溥儀的「老朋友」胡適發表了一封致王正廷的公開信，大罵國民軍，表示對於「以武力脅迫」修改優待條件的「義憤」。

雖然陳寶琛仍然視他如蛇蠍，但鄭孝胥已經和他交上朋友，有些遺老也認為他究竟比革命黨和國民軍好。他來到醇親王府，受到溥儀的歡迎，因為他說：「這在歐美國家看來，全是東方的野蠻！」

「皇上的志氣」

胡適問溥儀今後有什麼打算。溥儀說王公大臣們都在活動恢復原狀，「我對那些毫無興趣，我希望能獨立生活，求些學問」。「皇上很有志氣！」他點頭稱讚，「上次我從宮裡回來，就對朋友說過，皇上很有志氣。」

「我想出洋留學，可是很困難。」

「有困難，也不太困難。如果到英國，莊士敦先生可以照料。如果想去美國，也不難找到幫忙的人。」

「王公大臣們不放我，特別是王爺。」

「上次在宮裡，皇上也這樣說過。我看，還是要果斷。」

「民國當局也不一定讓我走。」

「那倒好說，要緊的還是皇上自己下決心。」

溥儀說，儘管他對這位「新人物」懷有戒心，但「他的話確實給了我一種鼓勵」，感覺到「我的出洋計劃，一定可以得到社會上不少人的同情」。因此，「我越發討厭那些反對我出洋的王公大臣們了。」

在剛進醇親王府的那幾天，爭論的中心是「留在北府，還是設法溜出去，躲進東交民巷」。門禁放鬆以後，則以「出洋不出洋，爭取不爭取恢復原優待條件」為中心。到了第三個回合，重心轉到了「我的當前處境危險不危險，要不要先跑進東交民巷」。

第二節　日租界中的「高等華人」

當時《順天時報》經常報導馮軍入京之後，「赤化主義」趁機活動的消息。他們主張「不要政府真自治、不要法律大自由」。根据鄭孝胥的解釋，「赤化主義」就是洪水猛獸、共產共妻。羅振玉則向溥儀報告：日本人得到情報，「過激主義」份子將對溥儀有不利行動，「皇上要趁早離開這裡，到東交民巷躲避一下」。同時莊士敦也帶來外國報上的消息，說馮玉祥要再對北京採取行動。

進入日本公使館

這一來，溥儀沉不住氣了。他背著父親，和陳寶琛、莊士敦兩位師傅悄悄商議了一個計策：先住進德國醫院，再找機會躲進東交民巷。出了北府，莊士敦先去英國使館交涉，不料他一去就杳無音信。鄭孝胥早先認識日本公使館守備隊司令官竹本多吉大佐，因此請他向日本公使芳澤謙吉報告，將溥儀迎入東交民巷的日本公使館。這時候，溥儀留下了他第一張戴墨鏡的照片。

溥儀與竹本大佐在北京東交民巷的日本公使館，左1為陳寶琛。

在日本公使館裡，溥儀受到意想不到的禮遇。使館主人看溥儀周圍有一大群人，三間屋子顯然住不開，特意騰出一所樓房，專供溥儀使用。跟著溥儀的一班人馬，南書房行走、內務府大臣以及幾十名隨侍、太監、宮女、婦差、廚役等等又在日本公使館裡各得其所，「大清皇帝」的奏事處和值班房也全套恢復了。更重要的是，芳澤公使幫溥儀取得了執政府的諒解。執政府特地派陸軍中將曲同豐到日本兵營，向竹本大佐表明：「執政府極願尊重遜帝的自由意志，並於可能範圍內，保護其生命財產及其關係者之安全」。

客地雖好，終非久居之地。溥儀後來聽從羅振玉的建議，派「南書房行走」到天津日租界找房子，結果看中了張園。徵得芳澤公使同意後，天津日本總領事館警察署長和便衣警察特別來到北京，護送溥儀一行人前往天津。

張園的「行在」生活

張園是一座占地約有二十畝的園子，中間有一座八樓八底的樓房。主人是前清駐武昌第八鎮統制張彪。武昌起義時，張彪嚇得連官印也不要了，帶著他的金銀財寶和家眷溜到天津，到日本租界當寓公。溥儀剛住進張園，這位前清的「名將」，堅決不收房錢，每天清晨都要帶著一把掃帚，親自替他掃院子，大概是表示自己「一貫矢忠」之意。溥儀在這裡住了五年，後來張彪死了，他的兒子拿出房東的面孔要房租，溥儀也嫌他的房子不好，才搬到陸宗輿的「靜園」。

溥儀在張園裡住了一段時間以後，就覺得這裡遠比北京的紫禁城舒服。張園沒有紫禁城那套規矩，連坐車、上街都不自由；卻又保留了溥儀認為必要的東西。在紫禁城裡，「我的威嚴，在這裡也依然存在」。「如今我有了任意行事的自由，別人只能進諫而無法干涉」。

雖然溥儀已不穿笨拙的皇帝龍袍，經常穿的是普通的袍子馬褂，更多的是穿西裝，但是這並不影響別人來給溥儀叩拜。「我住的地方沒有琉璃瓦，也沒有雕梁畫棟，但還有人稱它做『行在』。北京的宗族人等還要輪流來這裡給我『值班』」，至于人們對溥儀的稱呼，園子里使用的宣統年號，更是一絲不苟地保留著。對他說來，這些都是自然而必要的。

張園裡的經濟情況，和紫禁城比起來，自然差的多了，「但是我還擁有一筆可觀的財產。我從宮裡弄出來的一大批財物，一部分換了錢，存在外國銀行裡生息，一部分變為房產，按月收租金」。

溥儀在關外還有大量的土地，即清朝入關後「跑馬圈地」弄來的所謂「皇產」，「數字我不知道，據我從一種歷史刊物上看到的材料說，僅直隸省的皇產，不算八旗的，約有十二萬餉」。

為了處理這些土地的租賃與出售，民國政府直隸督辦和清室專設了一個「私產管理處」，兩家坐地分贓，賣一塊分一筆錢，也是一項可觀的收入。

鄭孝胥的「三共論」

在張園時代，陳寶琛、羅振玉、鄭孝胥是每天必見的「近臣」，他們和那些顧問每天上午都要來一次，坐在樓外西邊的一排平房裡，等候「召見」。在大門附近有一間屋子，是請求「覲見」者坐候傳喚的地方，曾經坐過的人，有武人、政客、遺老、各式「時新」人物、騷人墨客以及醫卜星相。

這七年間，在溥儀身邊勾心鬥角的人物，大致可分為幾派：以陳寶琛為首的一批「舊臣」，起初把希望放在恢復優待條件，後來又退縮為維持原狀，可以稱為「還宮派」。把希望放在出洋以取得外國（主要是日本）援助的，是以羅振玉為首，其中有遺老遺少，也有個別王公，可以稱為「聯日」或「出洋」派。還有一派人把希望放在聯絡、收買軍閥方面，即所謂「用武人」，這派人物頗複雜，有前清遺老，也有民國的政客，中心人物卻是溥儀自己。收買和運動軍閥所花的錢，也成為他最大的一筆開支。

在天津時代，鄭孝胥提出了「三共論」：「大清亡於共和，共和將亡於共產，共產則必然亡於共管」。他認為北伐戰爭是要實行「共產」的。看到社會亂象，他總是念不絕口：「又鬧罷工了，罷課了，外國人的商業受到了損失，怎能不出頭來管？」羅振玉自從認識日本方面的朋友，眼睛裡就只有日本人。辛亥後，他把復辟希望全放到日本人的身上。

鄭孝胥看到的卻是「列強」。他認為：中國老百姓不用說，連做官的也無能、沒出息，中國這塊地方應當讓「列強」來開發，來經營。他不但要西洋技術，西洋資本，而且主張要西洋人來做官，連皇家的禁衛軍也要由客卿訓練、統領。不然的話，中國永遠是亂得一團糟。辛亥革命後，他認為要復辟成功，決不能沒有列強的幫忙。

高等華人「扮皇帝」

溥儀住在外國租界裡，受到一般中國人絕對無法得到的待遇。除了日本人，美國、英國、法國、義大利等各國的總領事、駐軍長官、洋行老闆，對他也極為恭敬，稱他「皇帝陛下」，會見外國賓客在他們的國慶日請他去閱兵，參觀兵營，參觀新到的飛機、兵艦。這些根據「庚子條約」駐在中國土地上的外國軍隊，耀武揚威地從溥儀面前走過的時候，他卻「覺得頗為得意」，只因為外國人「如此待我，還把我看做皇帝」。

天津有一個英國人辦的俱樂部，

在英國教師莊士敦（後右1）引薦下，加拿大總督威靈頓夫婦與溥儀婉容夫婦會面

名叫「鄉藝會」（Country Club），是外國大老闆進出的豪華遊樂場所，一般中國人根本走不進那個大門，只有溥儀例外。他可以自由出入，而且經常帶著家人們，一起享受當「特殊華人」的滋味。溥儀說：「為了把我自己打扮得像個西洋人，我盡量利用惠羅公司、隆茂洋行等等外國商店裡的衣飾、鑽石，把自己裝點成《老爺雜誌》上的外國貴族模樣。我每逢外出，穿著最講究的英國料子西服，領帶上插著鑽石別針，袖上是鑽石袖扣，手上是鑽石戒指，手提『文明棍』，戴著德國蔡司廠出品的眼鏡，渾身發著密絲佛陀、古龍香水和樟腦

溥儀跟家人在天津張園

溥儀在天津張園

溥儀在天津張園

溥儀跟家人在天津張園

溥儀在天津張園

精的混合氣味，身邊還跟著兩條或三條德國獵犬和奇裝異服的一妻一妾。」

溥儀到天津的第一年，日本總領事古田茂曾請他參觀一次日本僑民小學。看到日本小學生手持紙旗，夾道向他歡呼萬歲。溥儀感動得「熱淚滿眶，感歎不已」。每逢新年或溥儀壽辰，日本的領事官和將佐們必定到張園祝賀。當軍閥內戰的戰火燒到天津邊緣，租界的各國駐軍組成聯軍，聲言要對付敢於走進租界的國民軍之時，天津日本駐屯軍司令官小泉六一中將特意來到張園，向溥儀報告：「請宣統帝放心，我們決不讓中國兵進租界一步。」

日軍司令部經常有一位佐級參謀給溥儀講說時事。他們的分析是：「中國的混亂，

溥儀家人和天津日本領事館官員及家屬

根本在於群龍無首，沒有了皇帝。」並由此談到日本天皇制的優越性，談到中國惟有「宣統帝」才能收拾「民心」。和日本皇軍對比之下，中國軍隊的腐敗是不可或缺的話題，這些講話加上歷次檢閱日軍，使溥儀深信日本軍隊的強大，和日本軍人對他的支持。在拉攏軍閥、收買政客、任用客卿全不見效之後，日本人在溥儀心裡的位置，就更加重要了。

第三節　日本軍部的最後決定

民國十七年（一九二八），蔣介石率領的南方軍隊開始北伐，日本的田中內閣發表滿蒙不容中國軍隊進入的聲明，並且出兵濟南，攔阻南方的軍隊前進。張作霖、吳佩孚、張宗昌這些平日和溥儀有瓜葛的軍隊，又節節敗退而潰不成軍。

「為我聯絡軍閥們的活動家剛報來動人的好消息，我馬上又讀到那些向我效忠的軍人逃亡和被槍斃的新聞。」國民黨大肆清黨，倒戈將軍馮玉祥也和蔣介石合作，正從京漢線上打過來。這些「壞消息」裡，對他衝擊最大的是孫殿英東陵盜墓事件。

東陵盜墓事件

東陵在河北省遵化縣的馬蘭峪，是乾隆和西太后的陵寢。孫殿英是一個賭棍和販毒犯出身的流氓軍人，在張宗昌部當過師長、軍長。一九二七年接受蔣介石改編，任四十一軍軍長。一九二八年，孫率部到薊縣、馬蘭峪一帶，進行了有計劃的盜墓。他預先貼出佈告，說是要舉行軍事演習，封鎖了附近的交通，然後由他的工兵營營長帶兵挖掘，用三個夜晚的時間，把乾隆和慈禧的殉葬財寶，搜羅一空。

消息傳出後，前清宗室和遺老們全都激動起來了。他們不論是哪一派的，紛紛趕到張園，表示對軍閥餘孽的憤慨。各地遺老也紛紛寄來重修祖陵的費用。在這些人的建議和安排下，張園裡擺上了乾隆、慈禧的靈位和香案祭席，每天舉行三次祭奠。遺老遺少們絡繹不絕地來行禮叩拜，痛哭流涕。他們分別向平津衛戍司令閻錫山以及各報館發出通電，要求當局懲辦孫殿英、賠修陵墓。張園的靈堂決定要擺到陵墓修復為止。

國民政府下令閻錫山查辦此事，孫殿英派到北平來的一個師長被閻錫山扣下了。不久消息傳來，說這個師長被釋放，蔣介石決定不追究了。又傳說孫殿英給蔣介石新婚的夫人宋美齡送去了一批贓品，慈禧鳳冠上的珠子成了宋美齡鞋子上的飾物。溥儀「心裡燃起了無比的仇恨怒火」，走到陰陰森森的靈堂前，當著滿臉鼻涕眼淚的宗室人等，向著空中發誓：「不報此仇，便不是愛新覺羅的子孫！」

黑龍會和「三野公館」

但是要如何報仇呢？這年年末，蔣介石的國民政府得到包括日本在內各國的承認，他的勢力和地位已超過了以往任何一個軍閥。當權的新貴中再沒有像段祺瑞、王懷慶這類老朋友，形勢愈來愈不利，溥儀的父親也不敢再住在北京，全家都搬到天津租界來。溥儀的心情也由激憤轉成憂鬱，認為在「這樣一個野心人物的統治下，不用說復辟，連能否在他的勢力範圍內占一席地，恐怕全成問題」。

黑龍會，是日本最大的浪人團體，前身名為「玄洋社」。在中法戰爭之後，一九〇一年由日本浪人平岡浩太郎所創立，是最早在中國進行間諜活動的特務組織。在日俄戰爭中，這個團體起了很大作用，傳說那時黑龍會會員已達幾十萬名，擁有巨大的活動資金。頭山滿是黑龍會最出名的領袖，在他的指揮下，他的黨羽深入中國的各階層，從清末的王公大臣，到張園的隨侍和販夫走卒，到處都有他們的人在進行工作。日本許多著名的特務，如土肥原、平沼、香月等人都是頭山滿的門生。

據鄭孝胥說，頭山滿是個佛教徒，有一把銀色長鬚，面容「慈祥」，平生最愛玫瑰花，終年不願離開他的花園。就是這樣的一個佛教徒，在玫瑰花香氣的氤氳中，面容「慈祥」地設計出駭人的陰謀和慘絕人寰的凶案。

三野友吉是司令部的一名少佐，常隨日軍司令官來張園做客。這個人利用司令部專設的「三野公館」，跟張園的某些人建立了極親密的交往，把張園裡的情形摸得透熟。還能通過他們，把謠言送到溥儀那裡，弄得他幾次想往旅順跑。後來溥儀聽到「三野公館」的一些情況，鄭孝胥對他分析，日軍司令部對他的「股肱之臣」下功夫，只不過是為了和領事館爭奪他。這對於溥儀是有益無損，所以不必擔心。

頭山滿

土肥原的承諾

土肥原賢二，是靠侵略中國起家的日本軍人。他在陸軍士官學校十六期步兵科和陸軍大學畢業後，做過日本參謀本部部員，第十三步兵聯隊長，一九一三年起他來到中國，在關東軍中服務，給東北軍閥的顧問板西利八郎中將當了十多年的副官。他和張作霖的關係特別深，一九二四年直奉戰爭中，他策動關東軍幫助過張作霖。一九二八年關東軍決定消滅張作霖，在皇姑屯炸死張作霖，他也參與規劃。

九一八事變過後不久，溥儀透過鄭孝胥的關係，召見了四十八歲的土肥原。他穿著一套日本式的西服，鼻子底下有一撮小鬍子，臉上始終帶著溫和恭順的笑意。給人感覺，這個人說的話，沒有一句是靠不住的。

他向溥儀問候之後，就轉入正題，解釋日軍行動，只是對付張學良一個人，因為他「把滿洲鬧得民不聊生，日本人的權益和生命財產得不到任何保證，日本才不得已而出兵」。他說關東軍對滿洲絕無領土野心，只是「誠心誠意地，要幫助滿洲人民，建立自主的新國家」，希望溥儀儘快回到祖先發祥地，親自領導這個國家：日本將和這個國家訂立攻守同盟，全力保護它的主權和領土。

然而，溥儀認為最重要的問題是：

「這個新國家是個什麼樣的國家？」

「我已經說過，是獨立自主的，是由宣統

土肥原賢二

帝完全做主的。」

「我問的不是這個，我要知道這個國家是共和，還是帝制？是不是帝國？」

「這些問題，到了瀋陽都可以解決。」

「不，」溥儀堅持說，「如果是復辟，我就去，不然的話我就不去。」

他微笑了，聲調不變地說：

「當然是帝國，這是沒有問題的。」

「如果是帝國，我可以去！」溥儀表示了滿意。

「那麼就請宣統帝早日動身，無論如何要在十六日以前到達滿洲。詳細辦法到了瀋陽再談。」

復位以「正統系」

消息傳開後，陳寶琛匆忙從北京趕回來，在「御前會議」上勸溥儀不要「輕舉妄動」，並和鄭孝胥發生激烈的爭執；國民政府也派了曾經在清朝做過官的監察委員高友唐來表示：「國民政府願意恢復優待條件」；有位前清遺老甚至勸他不要「認賊作父」，不顧中國人的尊嚴。但這一切都無法改變溥儀的決心。

一九三一年十一月十日，溥儀跟鄭孝胥帶個兩個隨侍，瞞過所有人的耳目，離開了靜園。到了營口，住進「滿鐵」設在湯崗子溫泉區的「翠閣旅館」，溥儀才發現：他們一行人的行動已經被封鎖，而且一切都要「聽板垣大佐的了」。

這時候日本在國際上處勢孤立，內閣對於採取什麼形式統治這塊殖民地，意見還不一致，所以關東軍還不準備讓他出場。到了旅順，一心想要復辟的溥儀又等了三個月。八十高齡的陳寶琛老夫子特地從關內趕來看他，再三交代：「若非復位以正統系，何以對待列祖列宗在天之靈！」

溥儀因此寫了十二條必須「正統系」的理由，要鄭孝胥轉交給板垣。鄭孝胥帶回的消息是：「東北行政委員會」已經通過一項決議，要在滿州建立一個「共和國」，關東軍決定請他出任「執政」。

「共和國」的執政

「什麼執政？叫我當共和國的執政？」溥儀非常不滿，跟他的智囊團們討論了半天，在鄭孝胥的勸說下，決定在下午接受坂垣的「覲見」。

板垣從四郎在一九二九年調到關東軍當參謀。後來遠東國際軍事法庭的判決書上說：

他「自一九三一年起，以大佐地位在關東軍參謀部參加了當時以武力佔領滿州為直接目的的陰謀。他進行了支持這種目標的煽動，他協助製造引起所謂『滿洲事』的口實，他壓制了若干防止這項軍事行動的企圖，他同意了和指導了這種軍事行動。嗣後，他在鼓動『滿洲獨立』的欺騙運動中以及樹立傀儡偽『滿洲國』的陰謀中，都擔任了主要的任務。」

一九三二年二月二十三日下午，溥儀會見了板垣。坂垣是個小矮個，有一個剃光的頭，一張刮得很干淨的青白色的臉，眉毛和小鬍子的黑色特別顯眼。他的服裝整潔，袖口露出白襯衫，加上他的輕輕搓手的習慣動作，讓人留下斯文和瀟灑的印象。板垣對溥儀送他的禮物先表示謝意，然後表明，他奉關東軍本莊司令官之命，向他報告關於「建立滿洲新國家」的問題。

他從「張氏虐政不得人心，日本在滿權益絲毫沒有保障」開始，談到日軍行動的「正

坂垣征四郎

義性」，「幫助滿洲人民建立王道樂土的誠意」。講了半天，最後總算談到正題：

「這個新國家名號是『滿洲國』，國都設在長春，因此長春改名為新京，這個國家由五個主要民族組成，即滿族、漢族、蒙古族、日本族和朝鮮族。日本人在滿洲花了幾十年的心血，法律地位和政治地位自然和別的民族相同，比如同樣地可以充當新國家的官吏。……」

他從皮包裡又拿出《滿蒙人民宣言書》以及五色的「滿洲國國旗」，放到溥儀面前的沙發桌上。溥儀用顫抖的手把那堆東西推了一下，問道：

「這是個什麼國家？難道這是大清帝國嗎？」

溥儀的聲音變了調。板垣照樣地不緊不慢地回答：

「自然，這不是大清帝國的復辟，這是一個新國家，東北行政委員會通過決議，一致推戴閣下為新國家的元首，就是『執政』。」

軍部最後的話！

溥儀後來回憶說：「聽到從板垣的嘴裡響出個『閣下』來，我覺得全身的血都湧到臉上來了。這還是第一次聽日本人這麼稱呼我呢！『宣統帝』或者『皇帝陛下』的稱謂原來就此被他們取消了，這如何能夠容忍呢？」

在溥儀的心裡，東北二百萬平方里的土地和三千萬的人民，全抵不上那一聲「陛下」呀！溥儀激動得幾乎都坐不住了，大聲道：

「名不正則言不順，言不順則事不成！滿洲人心所向，不是我個人，而是大清的皇帝，若是取消了這個稱謂，滿洲人心必失。這個問題必須請關東軍重新考慮。」

板垣輕輕地搓著手，笑容滿面地說：

「滿洲人民推戴閣下為新國家的元首，這就是人心所歸，也是關東軍所同意的。」

「可是日本也是天皇制的帝國，為什麼關東軍同意建立共和制呢？」

「如果閣下認為共和制不妥，就不用這個字眼。這不是共和制，是執政制。」

板垣態度平和，一點不著急，青白臉上浮著笑容，兩隻手搓來搓去；溥儀不厭其煩地重複著那十二條不得不「正統系」的道理，反來覆去地表示，不能放棄皇帝的身分。他們談了三個多鐘頭，最後，板垣收拾起了他的皮包，表示不想再談下去了。他的聲調沒變，可是臉色更青更白了，笑容沒有了，一度回到他口頭上的「宣統帝」的稱呼又變成了閣下：「閣下再考慮考慮，明天再談。」他冷冷地說完，便告辭走了。

當天晚上，根據鄭氏父子和的意見，溥儀在大和旅館里專為板垣舉行了一個宴會。在宴會上，板垣大口喝酒，對任何人的敬酒都表現十分豪爽，絕口不提白天的爭論，就好像根本不曾發生過什麼似的。可是用不著溥儀再費多少時間去試探，第二天早晨，板垣就把鄭孝胥、羅振玉等人叫到大和旅館，讓他們向溥儀傳話：

「軍部的要求再不能有所更改。如果不接受，只能被看做是敵對態度，只有用對待敵人的手段做答覆。這是軍部最後的話！」

第四節　末代皇帝的眼鏡

在這種情況下，溥儀的抉擇只有「聽話」或「不聽話」而已。在身邊「股肱之臣」的勸說下，溥儀終於同意出任「共和制」滿州國的「執政」，並於一九三二年三月九日，戴著墨鏡出席他的就職典禮。

一九三二年十二月，國際聯

一九三二年三月九日，溥儀出任滿州國「執政」

溥儀的「康德皇帝正裝照」

在滿州稱帝時發行的郵票。

1945 出席年東京國際法庭審判。

盟派英國李頓伯爵為團長，組織調查團到滿州進行實地調查。翌年《李頓報告書》出爐，要求滿州繼續「門戶開放」，由各國「駐軍維安」；日本憤而退出「國際聯盟」，不再顧忌國際壓力，關東軍司令官菱刈隆通知時任滿州國國務總理的鄭孝胥：「日本政府已經同意滿州國改為『帝制』」。

溥儀大喜過望，特地派人到北京為「登基大典」定做一套全新的龍袍。但是在關東軍的「強烈建議」下，在一九三四年三月一日，溥儀只好穿著「滿州國陸海空軍元帥服」，出席他的「登基大典」。

值得注意的是：在當天拍攝的「康德皇帝正裝照」中，他脫下墨鏡，而改戴透明眼鏡。從此之後，他便很少再戴墨鏡。後來就把這支墨鏡送給他的台灣籍御醫，我的父親。然而，戴上透明眼鏡的這位末代皇帝，是否從此就能看清自己的前途？

第八章　軍國主義與傀儡皇帝

看完上一章後，許多人極感興趣的議題是：前清時期，皇帝御醫是朝廷命官，地位崇隆，到了滿洲國時代，為什麼末代皇帝溥儀會找一個台灣人當他的御醫？又把自己早年戴過的水品墨鏡送給他？

第一節　末代皇帝的台灣御醫

從社會心理學的角度來看，這個問題的癥結在於：溥儀內心對日本人的恐懼。要把這個歷史故事說清楚，必須先了解三位關鍵人物，第一位是他的私人醫師，家父黃子正，第二位是滿洲國國務總理鄭孝胥，第三位則是關東軍派在他身邊的聯絡官吉岡安直。

先談家父。我家祖先在清朝乾隆年間渡海來台，居住在大稻埕一帶。先人在台、閩兩地從事經貿。傳到第四代，我的曾祖父黃水性在台北市迪化街蓋了一棟長條型的閩南式建築，台語稱作「竹篙厝」，前面是商店，後面作為倉庫。當時，從福建來台的商船，可以沿淡水河航行到大稻埕，卸下來的貨，儲存在屋後倉庫，商品則在屋前店面待價而沽。

「台灣御醫」的身分認同

我的祖父黃煙篆改行習醫，在日據時期擔任公醫，有恩於新竹人謝介石。家父黃子正和堂叔黃樹奎兩人都出身自台大醫學院的前身台北醫專。畢業後兩人相偕到上海開業行醫，不久之後，家父又到長春（當時稱為「新京」），開設「大同醫院」。

鄭孝胥是福建人，和溥儀的老

謝介石

師陳寶琛是同鄉。在前清時期中過舉，當過清朝駐日本神戶的領事，也作過一任廣西邊務督辦，國學基底扎實，詩書文章都相當不錯。民國成立之後，鬻書筆潤維生，很受陳寶琛賞識，而一再向溥儀推薦。民國十二年夏天，鄭孝胥第一次和溥儀見面，即暢談他「大清中興」的構想，溥儀大為傾倒，立刻請他留下當「懋勤殿行走」。嗣後，鄭孝胥為建立滿洲國出了許多力。一九三二年滿洲國建立之後，他也順理成章成為第一任「國務總理」。

當時閩、台之間交流十分頻繁，滿洲國成立後，鄭孝胥因為自身是福建人的地緣關係，提拔了不少台灣人到滿洲國政府任職，其「外交部總長」即為新竹人謝介石。

滿洲國建立之初，溥儀體弱多病，亟需找一位醫生照顧他的健康。當時日本關東軍不准他用中國醫師，他自己又不信任日本人，雙方折衝之下，鄭孝胥就找「既不是

鄭孝胥

中國人，又不是日本人」的台灣人謝介石，請他替「皇上」找一位御醫。家父雖然是西醫出身，同時兼習中醫，在種種因素因緣際會之下，謝介石即介紹家父，成為溥儀的私人醫生。

「帝室御用掛」

當時所謂的「滿洲國」，其實是日本人控制下的傀儡政權，內閣各部總長是中國人，次長則是日本人，日常政務幾乎全由次長決定，甚至連宮內府亦不例外。「帝室御用掛」吉岡安直便是關東軍派在溥儀身邊的聯絡官。吉岡是日本鹿兒島人，溥儀的弟弟溥傑到日本陸軍士官學校讀書時，吉岡還在該校擔任戰史教官，兩人結為好友，關東軍知道了這層關係，再加上吉岡本人的積極活動，一九三五年，關東軍終於任命他為高級參謀，派他「掛」在「滿洲帝室」達十年之久。

吉岡安直

那時候，宮內府設有「憲兵室」，住有一班日本憲兵，監視宮內的一切活動。根據溥儀在《我的前半生》中的說法，關東軍好像一個「強力高壓電源」，他自己本人就像一個「精確靈敏的電動機」，吉岡安直就是「傳導性能良好的電線」，他這個皇帝「不能過問政事，不能隨便外出走走，不能找個『大臣』談談」。當關東軍那邊沒有電流通過來的時候，他在「宮內」根本無事可幹，日常生活用八個字就可以概括：「打罵、算卦、吃藥、害怕」。

第二節　活在恐懼中的「皇帝」

一九三四年，溥儀「登極」後，對日本人已經開始心懷戒懼。翌年四月，他在日本人安排之下，到日本訪問，回到長春不到一個月，關東軍司令官南次郎告訴他：「鄭孝胥總理倦勤思退」，溥儀大吃一驚。後來多方打聽，才知道鄭孝胥不久前在他主辦的「王道書院」裡，向學員發了一次牢騷：「滿洲國已經不是小孩子了，就該讓他自己走走，不該總是處處不放手。」日本人知道了，立刻把他一腳踢開，在日本憲兵隊的監視下，只能留在家裡作詩、寫字。不久他的兒子「國務院秘書官鄭乘」暴斃；三年之後，鄭孝胥本人也在長春暴卒，據說都是出自日本人的暗殺。

「凌升事件」和〈帝位繼承法〉

一九三六年，滿洲國的「建國元勳」之一，興安省省長凌升在省長聯席會上發牢騷，說他在興安省無權無職，一切都是日本人說了算。開完這個會，凌升回到本省，立刻被抓走，並以「反滿抗日」罪名，跟幾個親戚一起被處斬首。

「凌升事件」使溥儀感到極度不安，讓他感到更恐懼的，則是日本人搞的〈帝位繼承法〉。一九三五年冬，溥傑從日本回到長春，當了禁衛軍中尉，本來溥儀想幫他安排一門親事，吉岡立刻向溥儀表示：為了增進「日滿親善」，關東軍希望他和日本女子結婚，本庄繁大將要親自替

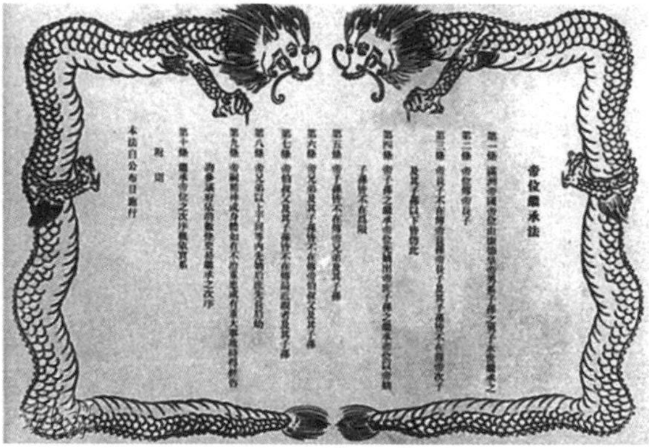
帝位繼承法

帝位繼承法

他作媒，希望他這位「御弟」能作為「親善」表率。

一九三七年四月三日，溥傑與嵯峨勝侯爵的女兒嵯峨浩在東京結婚。過了不到一個月，關東軍便授意國務院通過一項〈帝位繼承法〉，明文規定：皇帝死後由子繼之，如無子則由孫繼之，如無子無孫則由弟繼之，如無弟則由弟之子繼之。

溥儀一看就明白：這個〈帝位繼承法〉最緊要的只有「弟之子繼之」這句話，關東軍要的只是一個有日本血統的皇帝，必要時候，隨時可以拿他們兄弟開刀。

由於時刻擔心自己生命的安危，溥儀宮內生活的第二件事就是「算卦」，吃素念經，求神拜佛，占卜打卦。譬如，溥傑的日本妻子懷了孕，溥儀就「提心吊膽地為自己的前途算過卦」，直到得知她生的是女兒，「才鬆了一口氣」。

溥儀胞弟溥傑與嵯峨浩在東京結婚

皇帝的疑心病

因為日夜擔心自己的安危，溥儀得了嚴重的「慮病症」，不僅嗜藥成癖，而且還收藏各種藥品，中藥有藥庫，西藥有藥房。他的侍從主要的工作之一，便是替他管藥房、藥庫；每天他的私人醫師為他打補針，總要忙上幾小時。

一九九六年，我藉著到吉林大學講學之便，順道參觀溥儀在長春的舊「皇宮」，這所建築據說是由道尹衙門改裝而成，並沒有一般皇宮的氣派。皇帝居住的「緝熙樓」，一端是皇帝寢室，另一端是皇后寢室，中間則是個藥房，也就是家父替皇帝看病的地方。在世界各國的皇宮中，這種「寢宮」的格局，大概也是絕無僅有的。

除了「害怕、算卦、吃藥」之外，溥儀的日常生活還有一項「打罵」。由於疑心病極重，成天擔心有人會害他，「脾氣日趨暴躁，動輒打人罵人」。打罵的對象除了侍從之外，也包括他的「妻子、弟弟和妹夫」。「打人的花樣很多，都是叫別人替我執行」。那時大家最怕溥儀說的一句話，就是「叫他下去！」意思就是到樓下去挨打。打傷了再趕快「把醫生叫來搶救」。

因此，家父的醫護工作，不僅要照顧皇帝的健康，還包括後宮及宮內侍從的醫療診治。根據家母的說法，家父的御醫工作十分繁重，每天早上去，下午回來，有時候甚至晚上還得再進宮一次，忙到深夜兩、三點鐘才回到家。

「祥貴人」之死

到了二次大戰末期，日本崩潰的跡象愈來愈明顯，溥儀更是怕日本在垮台之前，會殺他滅口。一九四二年，溥儀的第三位妻子「祥貴人」譚玉齡罹患疾病，據中醫診斷是「傷寒」，但並不是什麼絕症。吉岡要家父介紹市立醫院的日本醫生來診治，自己則破例搬到宮內府的「勤民樓」來「照料」。

日本醫生開始治療時，表現得非常熱心，給她打針、輸血，忙個不停。但是吉岡把他叫到另外一個房間，閉門長談之後，日本醫生態度便整個改變了。他不再忙著治病，反倒變得沉默不多說話。當天住在勤民樓裡的吉岡，整夜不斷地叫日本憲兵給病室的護士打電話，訊問病情。第二天清晨，譚玉齡便死了。更奇怪的是，溥儀剛聽到譚玉齡的死

祥貴人譚玉齡

訊，吉岡便拿來關東軍司令官致送的花圈，說他代表關東軍司令官前來弔唁。這件事使得溥儀更加害怕：日本人可能隨時對他下毒手。

由「皇帝」到「囚犯」

溥儀的體弱多病以及他對醫生的依賴，在冥冥中決定了黃家日後的遭遇。一九四五年八月九日，蘇聯向日本宣戰，到了八月十五日，日本宣布無條件投降。吉岡向溥儀報告：關東軍已經和東京聯繫好，決定送他到日本去。「不過，天皇陛下也不能絕對擔保陛下的安全。這一節要聽盟軍的了。」

八月十六日，吉岡要溥儀挑幾個隨行的人。因為飛機小，不能多帶，溥儀挑了溥傑、兩個妹夫、三個侄子、隨侍李國雄和一名醫生，也就是家父。溥儀的第四個妻子「福貴人」李玉琴哭哭啼啼地要跟他一起走，溥儀卻堅決不肯帶她：「飛機太小，你們坐火車去吧。」載著他們的飛機從通化出發，飛往瀋陽換乘大型飛機。不料在瀋陽等候飛機的時候，飛來的一隊飛機卻載來了蘇聯的軍隊。飛機著陸後，蘇軍立即將機場上的日軍繳了械，溥儀一行也從此淪為階下囚。

溥儀等人其後大部分時間都被拘留在西伯利亞伯力城的收容所。一九五〇年

日本投降後，溥儀被蘇聯紅軍逮捕和帶走

七月，蘇聯把他們移交給中國政府，關在撫順戰犯管理所。一九五七年二月二十五日，最高檢查院判決家父免於起訴，獲得釋放，被安置在遼寧鐵嶺勞改醫院任職醫師。兩年後，罹病去世，得年五十九歲。

第三節　「滿州國」的規劃師

從溥儀一生的故事來看，他雖然登基成為「滿州國皇帝」，其實仍然是日本軍部的傀儡。然而，究竟誰是「滿州國」的真正主導者呢？

在這裡我們必須介紹九一八事變的策劃者及主張「滿蒙占有論」的關東軍參謀石原莞爾（一八八九—一九四九）。石原出生於山形縣鶴岡市，父親是當地飯能警察署長。一九〇七年進入陸軍士官學校，喜好

石原莞爾

閱讀戰爭史及哲學書籍，並接觸《法華經》。陸軍大學畢業後，被派駐到漢口的華中派遣隊司令部，上司是坂垣征四郎。當時，他以一年多的時間到湖南、四川、南京、上海各地考察，認為當時的中國「官乃貪官，民乃刁民，兵乃兵痞，政府欺壓民眾，官民對立；若外國入侵，民眾不會支持政府」；「中國的愛國學生，是世界上最亂的，他們起鬨鬧事，把老百姓推到最前線，然後轉身就走」；對付軍閥的辦法，則是「比起武力會戰，收買和宣傳更有價值」。

東洋的美國

一九二八年，石原晉升中佐，到滿州擔任關東軍作戰主任參謀，和坂垣征四郎等人一起研擬「滿蒙占有計畫」，策動九一八事變，並勸服當時尚不知情的關東軍司令官本庄繁，立即出動關東軍，於十九日佔領奉天，以一萬數千名的關東軍，從擁兵二十三萬的張學良手中，奪得相當於日本國土三倍大的滿州。當時，日本參謀本部顧及國際影響，不同意在滿州建立政權，石原卻堅持「即使關東軍全體放棄日本國籍，改編為滿州合眾國國軍，也要拿下全滿州」。一九三二年八月，石原晉升大佐，同年十月，他跟隨松岡洋右去日內瓦參加國聯大會，並宣布日本退出國聯。

滿州國成立之後，石原轉向「滿蒙獨立論」，主張部份日本人放棄自己的國籍，成為滿州人，同時以「民族協合」為前提，讓中國成為「東洋的美國」，以準備日美對決的「世界最終戰爭」。

謀刺東條首相

一九三七年三月，石原晉升少將，並擔任參謀本部作戰部部長，七七事變後，他認為應當準備對蘇聯作戰，反對在中國擴大戰線，而跟參謀本部的「主戰派」形成強烈對立，而被調任為關東軍的參謀次長。這時候，他又因為自己對滿州國的戰略思想跟首相東條英機尖銳對立，而被降調為國防大學講師，最後編入預備役。他的講課內容及社交行動都受到憲兵監視。

一九四四年，他因為擔心日本會走上覆亡的命

石原莞爾（左）與東條英機（右）

運，而和昔日部屬計畫刺殺東條英機。但在付諸行動之前，東條已經辭掉首相之職，一九四五年八月，日本戰敗後，他也因此而免於被起訴的命運。

第四節　「二二六事件」

從石原莞爾一生的故事中，我們可以看到日本少壯派軍官獨特的行動模式：他們依照自己的意志和判斷擬訂作戰計畫，發動九一八事變，成功後脅迫上級擴大戰爭，參謀本部也予以默認。如果自己的「愛國」主張不為上級所接受，便可以採取激烈行動，對抗上級，迫使日本一步一步走向戰爭。我們可以用一九三六年發生的「二二六事件」來說明這一點。

「天皇陛下之嘉納」

日本陸軍軍官的養成教育分為兩種管道：畢業於陸軍大學者，構成日本陸軍的精英份子；畢業於陸軍士官學校者，則因其升遷受限，形成一股高度政治化的「少壯派軍官」。到了一九三〇年代，由「青年將校」組成的「皇道派」，認為日本已經偏離了「國體」，高官和財閥構成的「特權階級」剝削人民，導致農村普遍貪圖，天皇受到欺瞞，使日本走向衰落。他們主張以七十年前的「明治維新」為藍本，起義發動「昭和維新」來清君側，因而和「統制派」形成了尖銳對立。

一九三二年，日本首相犬養毅因為主張對中國採取溫和態度，不贊成日本在東北成立滿洲國政權，又因為全球經濟大蕭條，刪減軍費而得罪軍部，五月十五日，海軍激進派軍人襲擊首相官邸，將其亂槍打死。

一九三四年，兩名少壯派軍官因為涉嫌利用軍校謀反而被迫停職。「皇道派」認為他們遭到「統制派」領袖永田的迫害。翌年八月十二日，陸軍中佐相澤三郎持刀進入永田辦公

少壯派軍人策動「226 政變」

室，殺害永田。相澤被捕後的公開審判期間，其支持者卻利用媒體，將其塑造成為「道德與愛國主義」者。

一九三六年二月十八—二十二日，一群皇道派青年將校開會決定刺殺七位「國體之敵」，控制首相的行政中心與皇居，發表《蹶起趣意書》，呼籲「清君側奸臣，粉碎重臣集團」，認為「此乃天皇陛下臣民之義務」。自二十二日起，七名叛軍主事者，說服另外十八名軍官加入，而以「尊皇討奸」為名義，帶領一千五百名左右的下級軍官和士兵發動政變，希望像九一八事變那樣，得到「天皇陛下之嘉納」。

「皇道派」、「統制派」的尖銳對立

二月二十五日晚間，東京大雪，正如一八六〇年「櫻田門外之變」的雪夜，一群倒幕志士刺殺幕府大老「彥根藩主」井依直弼那樣，叛軍部隊兵分六路，分別襲擊警視廳、陸軍省及幾位高官住宅。結果大藏大臣高橋是清，內大臣齋藤實，和陸軍教育總監渡邊錠太郎當場喪命。侍從長鈴木貴太郎身受重傷；內閣總理大臣岡田啟介和前內大臣牧野伸顯在變亂中逃脫。

事件發生後，全國震驚。陸軍大臣川島謁見裕仁，宣揚叛軍的條件與請求，並建議天皇組織新內閣以「純淨國體，穩定民生，建全國防」；但遭到裕仁拒絕，並命令川島「鎮壓叛軍」。川島出告示表示「承認諸子之動機」；支持「皇道派」的東京警備區司令香椎則下令所有叛軍的佔領區進入「戰時警備」狀態，使叛軍由「非法佔領」變成聽從中央命令的軍隊。

川島進一步要求發佈戒嚴令，香椎成為「戒嚴司令官」，而由叛軍在佔領區執行戒嚴任務。這樣的措施讓「統制派」極度不滿。因為被刺殺的岡田、齋藤和鈴木都是海軍大臣出身，海軍更是憤慨。二月二十六日，海軍第一艦隊駛入東京灣；翌日，已經有四十艘戰艦在東京灣內待命，海軍陸戰隊也出動保護軍港。

216 政變

天皇拒絕「謝罪」

雙方僵持不下，軍方態度仍猶豫不決，侍從武官本庄繁上奏天皇，認為：叛軍的行動「當然不能容許，但其精神則是想到君國」，但卻遭到天皇怒斥：「將朕最為信賴的老臣悉數殺死，與以軟刀子對付朕有何異？」他甚至表示要親率近衛師團，鎮壓叛軍。

二十八日，大本營發佈命令，將所有正式文件統一以「叛亂」取代「起義」。叛軍代表栗原最後表示：叛軍軍官將會自殺，士官們將會帶領部隊回營房，他並要求送一篇書信給大本營，同情叛軍的川島因而到皇居與本庄一起向天皇提出此一「謝罪」方式，但裕仁卻不滿地表示：「若要自殺，儘管恣意而為，無須如此派出使節。」

二十九日早上，兩萬士兵和二十二輛戰車

226政變，叛亂軍被圍

包圍住叛軍，掛出寫著「敕令已領，勿抗軍旗」的大型氣球，播音員開始做心戰喊話，並出動三架飛機灑下《告下士軍官》的傳單。叛軍的團結開始瓦解。到了中午，所有的軍官都已經讓士兵們回營，有兩名叛軍軍官自殺，其餘人員則由憲兵逮捕。

三月四日，天皇簽署法令，成立「特設軍法會議」，審判政變參與者。其中一百三十四人遭到起訴，經過十八個月的審判，全數有罪，共十七人判處死刑。

結論

本章的論述顯示：末代皇帝溥儀從決定接受土肥原賢二和坂垣征四郎的威逼利誘，前往滿洲國擔任「執政」之日開始，便已經成為日本關東軍的傀儡。然而，從那一年（一九三二）滿州國成立，「二二六事件」發生的經過來看，日本天皇對於日本軍方所發動的中日戰爭和第二次世界大戰，其實也沒有什麼置喙的餘地。不管是石原莞爾也好，發動「二二六事件」的「皇道派」青年將校也罷，都是以他們自己認定的「忠君愛國」方式發動國內或國際的武裝衝突，有所斬獲即由不知情的上級予以追認，甚或予以「嘉納」。「二二六事件」因為同時刺殺了天皇身邊的「股肱之臣」，才引起天皇的震驚與震怒，而不得不予以制裁。這一點，對於了解日本的文化主體性有十分重要的意涵，我們將留待本書最後一章，再做詳細的析論。

第九章　南京大屠殺之後

一位「軍統特工」的「見證」

《見證一生》是一本非常奇特的書。作者楊鵬的父親，楊潤之先生，原本是南京附近「瓜埠」地方上的一位鄉紳。抗日戰爭爆發，南京大屠殺之後，接受國民政府的指派，成為軍統轄下「忠義救國軍」一支游擊隊的隊長，後來竟被暗殺。

楊鵬天生體弱，他為了報父仇，在不知情的狀況下，被「軍統」人員吸收，在南京為軍統局做事，成為國民政府的一名特工。抗戰勝利後赴重慶，受戴笠軍統局高級幹部班訓練；國民政府撤守台灣後，他又奉派到日本，接受美國中央情報局訓練。國共對立時期，他先後在日本及香港從事情報工作。一生經歷過許多奇險，但平生做事卻恩怨分明，從不違背良心，最後總能得到奇人相助，化險為夷。從

「儒、釋、道」三教合一的中華文化傳統來看，楊鵬在《見證一生》中記錄了許多他親身經歷過的「因緣果報」，故事最為珍貴，也最可以用來教化人心。然而，這卻不是本書的目的。

本書系題為《夾縫中的台灣》。從本書的角度來看，《見證一生》跟本書主旨有關的部分有二。第一，是該書第二章「南京游擊部隊的興起與解散」，可以讓我們看出：抗戰前後，傳統中國社會的特色；第二，是該書第四章「日本投降了，中國失敗了」，可以讓我們看出日本文化的特色；以及抗戰勝利後，為什麼國民政府會在短短四年後就失掉大陸，敗走台灣。

楊鵬身為國民政府的「特工」，青年時期又在所謂的「日偽」淪陷區中成長和工作，但他對這個問題的觀點，跟港台新儒家代表人物之一的徐復觀，卻是不謀而合。由於本書的目標在於提供一種「文化中國」的史觀，因此本章第二部分比較他們兩人的觀點，希望藉此看出儒家文化中的國家興衰之理。

第一節 「忠義救國軍」

楊鵬老家位於南京長江對岸，江蘇省六合縣東門外的瓜埠鎮。鎮上三百多戶人家，為周圍鄉村農民聚集買賣之地。楊鵬的父親楊潤之為當地有名仕紳，開設一家茶樓，一間布店，鄉下有田產，山中有山產，家道殷實。那年頭，鄉人貧窮落後而無知，家庭鄰里親朋之間常有糾紛，發生互吵互鬥之事，又怯於見官，多請地方仕紳出面，主持公道。楊父是當地領袖人物，正當盛年，身強力壯，聲音宏亮，判事公正。楊鵬自幼每逢三、六、九日，常見茶樓擠滿鄉民，分成兩派，各訴理由，攻擊對方。父親坐在主席位置，鎮壓爭吵，最後裁決，情理法面面兼顧，能讓鄉人敬服，感佩離去。楊鵬和父親外出時，遇見路人，常有人親切而禮貌地問好。楊鵬跟在父親身邊，也常引以為傲。

「忠義救國軍」的組成

民國二十六年，日寇以強大兵力侵華。淞滬之戰，國軍精銳二十萬，經慘烈戰鬥四個月，幾乎全數犧牲。首都南京保衛戰堅持了一個月，亦不支潰退。日寇在南

南京大屠殺

京進行舉世震驚的大屠殺，犧牲者多達三十萬人之眾。連續一個多月，日夜槍聲不斷，鬼哭神嚎，變成人間地獄。長江染成紅血，屍體漂流至分支河流，慘不忍睹。楊鵬家隔長江，與南京對望，親眼所見，親耳所聞。經此浩劫，原本一團散沙的中國人，真的是「地不分東西南北，人不分男女老幼」，全都站起來，響應蔣委員長的號召，各鎮各鄉自組自衛隊，收拾國軍在南京撤退時留下的武器，建立武裝，參與抗日。

楊鵬父親原本是六合縣第三區區長兼瓜埠鎮長，他組成自衛隊，統轄五、六個鄉鎮的力量，對抗自南京出城，到城外鄉村搶擄民伕、姦淫婦女的日軍小部隊。由於自衛隊熟悉地形道路，進退攻守自如，迫使日軍不得不戒慎恐懼，挫折者多，得逞者少，因此對民間抗日自衛隊恨之入骨，楊鵬父親的聲名也逐漸上揚。

民國二十七年三月，突然有一名神秘人物，攜六、七名隨從，來到楊家，要求與楊父關室密談。此人原名管容德，化名徐禧，奉中央命令，籌組「忠義救國軍」南京行動總隊，要求楊父支持。楊父見到他的委任狀後，立即承允，並於數日後關閉茶樓營業，充作徐的指揮所。楊父的自衛隊有兵員一百多人，槍枝八十餘支和機槍一梃，駐紮於瓜埠山頂，列為行動總隊直屬第一大隊，下分三個中隊。隨後陸續拉攏鄰近各鄉鎮自衛團隊參加，共有三百人槍，分別成立三個大隊，下轄九個中隊。南京行動總隊成形後，聲勢浩大，南京城內的日本駐軍，由於戰線拉長，留守人數不多，從此不敢出城虜掠。

父親被害之謎

民國二十九年農曆新年初六，中午時分，有一人到楊家傳信，謂總隊長有急事，請立即前往會晤。楊父當即隨此人外出，匆忙之間，未有任何交代。當日深夜，楊鵬的小舅舅突然隻身到家敲門，神情嚴肅，告訴楊鵬的母親，說楊父已經被害，要他立即逃亡，以免仇人斬草除根。母親哭著為他打點了一個小包袱，並給他三十塊銀元，匆匆隨小舅舅外出。黑夜行走至江口，上了小舅舅早已準備好的一隻小船，搖到對岸南京城外郊區。至天亮排隊入城，經日軍檢查通過。步行至夫子廟一家茶樓。舅舅向主人馬氏夫婦說明因由，請收留楊鵬住在他家避難。馬家夫婦無兒女，同情他年幼喪父喪母，立即答應收他為義子，住後院一個房間。小舅舅當天離去，從此與家鄉家人音訊斷絕。

一個月後，勉強進入高中補習學校，八月，考進汪精衛政府的中央大學，獲貧寒獎學金，食住都在學校，生活步上軌道，心中唸著一個古訓：「君子報仇三年不晚」，相信只要他自立自強，必定有報仇之日。在中大讀書那一年寒假，楊鵬回到馬家不久，小舅舅到來，神色輕鬆地對他和馬伯父說：父親血仇已經水落石出了。仇人不是徐禧，而是副隊長王錫三。徐禧在江寧一代，聽聞楊父被暗殺，大為驚駭，立刻趕回六合，嚴密追查，很久不得要領。最後確知兇手即為其副手，大為震怒，他不動聲色地以同赴某處視察為名，邀王偕行。在途中命其親信將王綑綁，詢錄口供。王無可推卸，終於招認。徐咬牙切齒，遂親自開槍予以射殺，算是報了大仇。

真相大白

嗣後數年，楊鵬多方打聽，才弄清楚事情的原委。原來南京撤退以後，徐禧奉重慶國民政府命令，重建南京游擊組織。到南京對岸六合，訪問楊鵬父親，並在楊家建立無線電台和活動中心。經由楊父引介瓜埠以外鄉鎮各個自衛團隊參加，成立南京行動總隊。這時候總人數大概為一百五十到二百人左右。武器皆係國軍在南京失守渡江逃亡時留下的，所以多於人數。

不久，有王錫三者，原為南京下關一帶的青幫頭頭，率領手下流氓數十人逃到瓜埠。向總隊長徐禧自薦，可以利用幫會發展勢力範圍。徐禧原係下關自衛隊隊長，知道王手下皆亡命之徒，囑王以其青幫輩分，招納各地的幫會份子數百人，參加行動總隊，並委以副總隊長職位，分別在各地成立支隊及大隊番號。徐禧本人則遊走於南京外圍各縣市鄉鎮，聯絡其他部隊。於是王逐漸成為六合游擊部隊實際掌權的副總隊長。

南京撤守後，日軍的下一個目標為攻打武漢。由於戰線拉長，南京駐軍減少，較少出城騷擾。城外各地游擊隊受武器限制，亦無能力攻打南京，因而形成對峙相安的局面。游擊隊外無大患，內部卻逐漸腐化。王錫三流氓出身，手握軍權，開始作威作福，魚肉鄉民，敲詐勒索，橫行霸道。富家子弟為保平安，投入王之幫會，獻上大禮，稱徒稱孫。貧窮人家，借債拜他的徒弟為徒，於是到處為青幫子孫，相遇以手勢暗號表示同門兄弟。有事可大事化小，小事化無。其他非徒非孫之民家，則為魚肉，苛捐雜稅，綁架勒索，聽憑宰割。整個日軍佔領區除了大城市外，幾乎都是無政府狀態，游擊隊控制一切，實質上是流氓橫行的世界。幫會就是政府，流氓就是幹部。

黑幫奪權

對於圍困日軍不敢出城擾民，游擊隊的確發揮了抵制和保衛的作用，然而，在非日軍實際佔領區，「中國人欺負中國人」的惡性表現得更為醜惡。廣大的善良百姓，前門躲得了虎，後門卻阻不了狼，王錫三就是主持這樣局面的土皇帝、小軍閥。他同時也是鴉片的總批發，任何人購買，必須經過他的管道，私下經營者則要「依法逮捕坐牢」。鴉片變成公營，價錢隨他制定，菸民明知剝削，卻也無可奈何。

楊鵬父親原為地方仕紳，雖孚民望，但不諳武事，手下部隊，一向由副手劉叔帶領。自王錫三擔任副總隊長以後，以小事大，彼此貌合神離。楊父認為自己是最早籌建南京行動總隊的元老，而王錫三卻認為自己是總隊的實際領導，遍佈南京城內外各縣市的幫會首領，可以顛倒黑白操縱是非的流氓頭。他在當地一呼百諾，無人敢予反抗。他手下多的是不知天高地厚的亡命之徒，為了提高自己的威望，那兩三年中採取恐怖政策，凡有不服者，皆于暗殺。

財引殺機

楊父眼見這種局面一步步惡化，為了明哲保身，只好將他自己帶領多年的武裝，由劉叔叔帶領，歸入王錫三的統御。他自己則秘密接受了另一項抗日救國的任務。有一天，父親把楊鵬叫到面前，神秘地拿出一張委任狀，是南京行動隊的上級機構「忠義救國軍」委任他為蘇北交通站的站長，要楊鵬不可對任何人透露一個字。楊父接任後做些什麼事和怎麼做，楊鵬一概不知。但後來楊鵬知道這件事與他父親被王錫三暗殺直接關連。

楊鵬的祖父迷信風水，曾經在距瓜埠五里外的龍袍鄉買下兩座小山。此山自瓜埠延伸到龍袍鄉，形似一條大龍，鄉下人傳說：多年之前，天神下凡，斬了一條大龍，故山是血紅色。掀起表面，非石非土，而是紅沙。鄉下人用此紅沙醃鴨蛋，蛋黃鮮紅而多油質。

不料民國二十四年間有商人來瓜埠找楊父，說要大量採購此處的紅沙，用船水運到無錫、上海、常州的機器製造廠，用以鑄造模型。楊父因此成立公司，招聘數十位工人，用炸藥炸成大塊，再用人工敲成小塊，用推車拉車運送上船，由長江駛入無錫上海，發展出夢想不到的財源。楊父也因此在當地成為仕紳和小康之家。

民國二十六年，戰爭從上海打到南京，這一行業完全停頓。到二十八年，戰局已遠離京滬，沿京滬鐵路的工業逐漸復甦。楊父親赴無錫招商，又恢復開工運送，生意日見興隆。楊父經濟好轉，把日軍炸毀的瓜埠房屋重新建造，並在長江邊買了一百畝田。

王錫三對百姓苛捐雜稅，綁架勒索，壟斷鴉片買賣圖利，仍意猶未盡。見楊父開採紅沙運出賺錢，大為眼紅，竟然派人向工人和船隻要碼頭費，又指示手下霸佔另一個山頭，招工開砂，強令無錫客商要向他購買全年所需量的四分之三。楊父自無錫返回以後獲悉，親自赴王處，找他理論，王拒不見，事成僵局。

人間正道

楊父遇害後，王錫三就明目張膽地接下開採販售紅沙的事業。這是楊父被害的關鍵所在。王錫三利令智昏，竟然下了毒手，結果被徐禧一一查出，三槍斃命，還了血債。徐禧槍斃王錫三之後，知道王在六合的徒子徒孫，必然設法報仇，於是避走他地，從此不知下落。南京行動總隊群龍無首，紛紛自立山頭，恢復到以往各地的自衛團隊。由於他們仍是當地的居民，故騷擾百姓的情事較王錫三領導時期反而少得多。

民國三十四年八月，日寇投降。十月，重慶當局調楊鵬從南京飛到重慶，接受軍統局高級幹部訓練班受訓。在那裡得知，徐禧失敗後調到重慶，受審被關於牢裡已經多年，仍未釋放，按規定不能探視。直到民國三十八年，楊鵬隨軍投向台灣，途中因颱風避於廈門，從牆上佈告得知，當地警備司令部稽查處處長管容德（徐禧之真名）具名領銜。

往事立現心頭，情緒激動，立以電話通聯，自報姓名身世，徐亦頗為激動，立即約當晚赴其公館餐聚。夫婦在大門相迎，坐定之後，徐首先開口，道及楊父被害和被他發現後，誘王到江邊裁處等等經過，情節和小舅舅當年在南京所述完全吻合。

他的太太穩重敦厚慈祥，楊鵬仍叫他乾媽，她亦稱楊鵬孩子。她補充敘述當年往事，使楊鵬對父親遇害之事有更多的了解。小舅舅當年所告，心中尚未能確信的所有疑惑，也一掃而空。楊鵬跪下感謝徐夫婦，為他報了殺父之仇，乾媽眼中含有淚水，扶楊鵬起身，宛如楊鵬的母親。

告別後楊鵬感到「人世之間，仍有溫暖，仍有道義。多少年沈澱於內心中的憤恨之氣，隨著出門後迎面吹來的海風，飄向天空」。

兩種詮釋

徐禧在廈門對他說：「我那時如果不槍斃王錫三，那下一個被暗殺的對象就是我。」楊鵬見證父親遭同事暗殺的慘劇，以及自己在台灣幾十年經歷的觀察與體會，他發現我們這個號稱五千年歷史的東方巨龍，血液裡確實含有「怯於外侮，勇於內鬥」的壞基因，與龍的形象完全不符。

他不知道為什麼集體中必然隱藏著一些壞份子，發揮著劣根性對同事進行暗批暗貶暗鬥，文的武的都有。讀了柏楊寫的《醜陋的中國人》之後，心中真是無限感慨。

這是楊鵬基於個人生命體驗所產生的感慨。然而，從傳統中國社會結構來看，楊鵬的父親是地方上的仕紳，又是地主，在地方上有實質的影響力。徐禧是國民政府中的「官」，是在抗戰期間替「軍統」工作的人。

這兩類人通常都比較「知書達禮」，知道什麼是儒家文化中的「正道」。王錫三則不然。他本來就是幫會頭目，在國家有需要的時候，也可能被「招安」，變成為「吏」（游擊隊副大隊長）。在抗日時期，這樣的「吏」卻缺乏國家力量的監督和支持。他跟幫會弟兄互動，講的是「江湖道義」，而不是儒家傳統的「正道」。

「鐵打的衙門，流水的官」，在傳統中國社會裡，「官」是流動的，「吏」則是長久依附在一定的土地上。在抗戰時期的淪陷區，「軍統」的特派員跟游擊隊首領之間的關係，亦類似於此。當「官」的勢力「罩」不住「吏」的時候，「吏」也可能搖身一變，成為「土豪」，或者「流寇」，魚肉百姓，危害鄉里，甚至殺害「仕紳」。楊鵬的父親就是這樣遇害的。

當身為「官」的徐禧將變成「土皇帝」的王錫三「就地正法」之後，原來聽命於王錫三的那些幫會份子，仍然留在「忠義救國軍」內，但他們「仍然是當地的居民」，為當地民眾所熟悉，而有一定的「情感性成分」，「騷擾百姓的事情反倒王錫三領導時期少得多」。

第二節　被「軍統」吸收

楊鵬父親被暗殺後，他由小舅舅護送到南京，住在馬家，進入南京中央大學，寒假回到馬家。有一日，劉叔叔到訪。劉也是忠義救國軍南京區特務員，在楊父擔任該組織交通站站長職務後，常到楊家跟父親會面。他們之間的活動，楊鵬一無所知，只知那是秘密公務。

楊鵬轉述小舅舅，告知徐禧已格殺王錫三之事，劉謂已有報告，希望他好好讀書，並繼承父志為抗日地下工作盡心。一年內籌組一個抗日同心會。楊鵬聽到繼承父志，「自是欣然接受」。此後正式參加軍統組織，以後數十年，始終未曾脫離。

欣然從事抗日工作

他把殺父的仇恨轉嫁到抗日工作，自覺神聖而光榮。他進入中大讀書以後，不定期在馬家與劉特派員密會。他的任務指示在校內結交志同道合的同學，組織「同心會」，以為後用，以及報告校內所見所聞。嚴格說來，上級只是在培養他，並沒有交付正面抗日的工作。

到大三時，汪政府所屬經濟委員會（汪自兼主任）正式公開招考經濟人員訓練班學員。劉先生鼓勵他不妨一試，若獲錄取，就等於打入汪組織，可獲得有價值情報，供後方採用。楊鵬遵命前往報考，結果如願錄取，受訓八個月，進入經委會任科員，一年後改為實業部，他升任專員。

汪精衛與日方舉行「日華經濟命脈聯合會」，楊鵬曾經三次擔任副記錄（正記錄是一科長）。從科員起，他的工作就是謄寫會議紀錄和對外文件，那時沒有複印機，用複寫紙一式三份，他私藏一份，丟入字紙簍。每日下班前，假作清理而攏入口袋或公事包，帶回宿舍。劉特派員則不定期到宿舍秘密取去複寫文件。至於劉特派員如何傳遞到後方，他不說，楊鵬也概不過問。

楊鵬收集的情報包括日本在淪陷區蒐羅戰爭物資種類和數量等等，日本屢次向汪政府要求調高日軍票換取汪政府儲備券的比例。有好多次為汪精衛反對，也有好幾次汪也讓步。有一、二次汪精衛在會議上大發脾氣，與日方代表爭吵。

尤其是日本發動所謂「太平洋戰爭」後，日方多次要求汪精衛徵調三十萬壯

汪精衛

丁，支援日本日益擴大的戰場。汪堅拒要求，雙方氣氛極其惡劣。汪因過度氣憤，舊傷發炎生病，被日本誘往東京醫療，又強迫汪簽字，汪寧死拒簽，不久即死在東京，死因成迷。

民間傳說係日軍毒殺，以要挾代主席陳公博執行其征兵要求，亦未得逞。這些情報楊鵬都向劉特派員轉報重慶。

變成「軍統」人員

在這段時期，楊鵬並不知道他的上級組織名稱，劉未曾說，楊鵬也未曾問過，他只知父親提過「忠義救國軍」的名義，認為那是民間的抗日組織。日本投降後，實業部的許多同事由於失去工作而且擔心被捕，紛紛離開單位，回去他們的家鄉。只有少數人和楊鵬留住。他期待劉特派員能來找他，不久，劉果然派人送一信，希望他到陸軍總部總幹部調查室報到。經洽訂於某月某日前往與劉主任面晤。

一進入即有人領往二樓，見有五位軍官，中間者為少將劉主任，囑坐下後，問他何時參加了「團體」。楊鵬不明白什麼是「團體」。劉再說：「就是我們局本部。」他也不了解什麼是「局本部」，全場都以奇異眼光注視他。隨著劉主任又問：「你聽過藍衣社嗎？」他答：「這我當然聽過。」劉主任立即又問：「你知道戴先生嗎？」他答：「當然知道。」於是全場哄然大笑。劉主任說：「我們抗日地下工作做得真好，像你這樣的同志，父親為國殉職，家屋被日軍炸毀了，你也受過傷吃過苦，竟然不知道你是我們戴先生領導下的軍統局的工作同志。我們聽了，真是高興、開心。戴先生要知道一定更開心。」陪座的人，大家都笑逐顏開，透露出一團歡樂的氣氛。

劉主任隨即對他說：「我們在重慶的高幹班第四期即將開班。這一次要在淪陷區中選六十個優秀工作同志赴班受訓。你被選中了，你回去準備一下，十月十五日啟程，早晨十點到這裡集合。」事出意外，楊鵬聽了當然歡喜，但心中仍有猶豫。他向劉主任說：「現在政府設立臨時大學，容納汪政府大學生接受再教育一年，即承認國家正統學歷。一年後再去受訓可不可以？」

劉斬釘截鐵的說：「大學學歷又怎麼樣？戴先生用人注重幹勁和犧牲精神。高幹班這次是最後一期，以陪養警察官為主旨，畢業後分派各縣市任警察局局長。我們要掌握全國警政，委員長要成立全國警察總署，由戴先生兼任，以後的警察界是我們軍統局的天下。這樣的機會，你失去就不會再有，不要猶豫，回去準備好動身。」這就是命令，楊鵬知道這是他生命的轉捩點。「自此而後，我將會在陽光下生活，我出頭了。」

這個轉捩點讓楊鵬正式成為「軍統」人員，有機會到重慶受訓，親身體驗到「淪陷區」和「大後方」人民生活水平的差異，而能夠從他獨特的視角，對國民黨失去大陸的原因作比較客觀的分析。

第三節　在戰敗中挺立

南京大屠殺死亡人數多達三十萬之眾。當時屍橫遍野，血流成河。慘絕人寰，筆墨難述。按理說，日本人投降了，該是南京老百姓「以牙還牙」報仇血恨的好時機。可是中國人沒有這樣做。蔣委員長在重慶發表文告，要求對日「以德報怨」。

蔣介石當年決定對日本「以德報怨」，當然有他個人基於主、客觀因素的考量。這裡必須強調的是：「以德報怨」絕非儒家的主張。《論語　憲問》上有一則對話：

或曰：「以德報怨，何如？」
子曰：「何以報德？以直報怨，以德報德。」

從儒家的角度來看，「直道而行」才是執政者「正人心」的不二法門，儒家主張的是「以直報怨」，而不是「以德報怨」。正是因為「直道而行」的原則把握不住，國民黨才會在抗戰勝利之後，快速走向失敗。這是後話。這裡先談日本人對蔣委員長「以德報怨」的反應：

肅立不動的「失敗者」

有一幕景像，讓楊鵬留下深刻印象。從日本宣佈投降之日開始，日本士兵即接受國民政府命令，在國軍未到達之前，負責維持地方治安和社會秩序。南京市內外所有車站、城門口、橋頭、水陸碼頭、機場等等交通關口，一個個日本士兵認真地執行任務。他們制服整齊，手持長槍，肅立不動，目不斜視。沮喪中帶著「聽候處置」的神情。

市內外的中國人看到他們這樣的下場，反而掀起同情心，沒有人走上去，毒打洩憤或包圍咒罵。在一些地方，楊鵬看到有青少年用石頭對準他們的身體投擲。無論打中身體任何部位，日兵始終保持肅立姿態，沒有表情。有一個日本兵被石塊打到臉部流血，他一動不動，但眼淚流下來了。楊鵬上前阻止，孩子們才一哄而散。

即使如使，他們在換崗的時候，還是一樣舉槍互相敬禮，交接站崗任務。這情景一直持續到重慶國軍還都，開始接交為止。「這一個歷史時刻，對中國人和日本人都具有深刻的意義。勝利者倒下了，失敗者又站起來。」這不是指「個人」的成敗得失，「而是指一個國家、一個民族、幾百萬軍隊和幾億人民的命運更迭交替，這種大場面的歷史演變會帶給後人長遠而

戰敗後聽候處置的日軍

嚴肅的警惕和覺悟，勝者勿驕，敗者勿餒。」

擁兵自重，各立山頭

目睹日軍投降的情景，楊鵬想到日本的服從性及團結的美德。他們的天皇一聲投降令下，在亞洲各國的日軍全體遵照命令，無異議的投降。這時候在中國的日軍至少有兩百萬以上，武裝精良，彈藥充足。楊鵬想到，東北幅員廣闊，物產豐富，工業發達不遜於日本。如果日本兵集中到中國東北，擁兵自重，借原來就有的「滿洲國」自立為王，那將如何？如果南北朝鮮的日本佔領軍採取類似行動，又將如何？然而日軍沒有這麼做，要是換成中國軍隊，情況又是如何？

中國軍隊名為國軍，其實各有派系。有一支或兩支部隊不服從命令而自立為王，絕非不可能。證諸中國歷史及後來的國共內戰，楊鵬的顧慮，大致是不錯的。

這裡我要指出的是：日本近代國家意識的形成，是明治維新的結果。從本書第三章的論述可以看出，在此之前的戰國時代，他們各地的藩鎮諸侯之間，也是各自「擁兵自重」，互不相讓。在什麼條件之下，近代中國才能發展出國家意識，是我們必須嚴肅思考的一個議題。

一九四九年九月，美國CIA在台灣國防部保密局挑選幹部。楊鵬因為曾經在抗戰期間於南京上過中央大學，能說英、日語，所以雀屏中選，赴日本接受美方訓練，共十個月。每個月有一次，美方教官駕一部旅行車，載學員到東京市區兜風。東京大小街道幾乎百分之八十的門口或樓上窗口，都懸掛著黑色旗子。據導遊教官告知，這個標幟是告訴人們：「這家沒有男人」。

「死板」與「靈活」

東京銀座，著名的繁華街道，一到傍晚，站著無數女人，年長者四十以上，年輕者十六、七歲。有穿和服的，有穿類似學生裝的，她們很少搔首弄姿，大部分人臉上都有乞憐之色，盼望外國男人帶走。

這個時候，東京（甚至全日本）都是美軍的天下。他們一個個趾高氣揚，眉飛色舞，神氣活現，不可一世。相反的，日本人則是個個可憐相。男男女女都衣服襤褸，愁眉苦臉。稍通英語者，大都花整天的時間，接近美國官兵，以求差遣。包括旅遊娛樂、上酒吧舞廳，特別是找女人。

當時楊鵬看到了一個中國人難以置信的事，一個日本人替美國人做嚮導或是隨從，要進入任何一個標示「日本人不可進入」的場所，日本人絕對不肯進去。理由就是告示說明了「日本人不能進去」，他寧願在外面等候，而且不管等多久。

這個現象美國人看不懂。楊鵬也非常不懂。以後才醒悟道：這就是「日本人」。日本人就是這樣，就是這樣「笨」。笨得中國人比較起來好像更「聰明」、「靈活」。

「守法」確是日本文化的一個特點。在前現代的日本傳統社會裡，武士便是社會中的「執法者」，武士跟百姓之間沒有間隔，在明清時期的中國社會則不然。士人考上科舉，出仕為官，派到地方上當官，他並不是「執法者」。「鐵打的衙門，流水的官」，真正的執法者是衙門中的「吏」。中間隔了一層，讓「官」、「吏」雙方在執行法律時，都有「拿捏分寸，上下其手」的空間。久而久之，就養成中國人「不守法」的「靈活」態度。

「勤勞」與「創新」

楊鵬剛到日本，看到有些學校的老師和學生能說些英語，專跑美軍機關和倉庫，以乞求的姿態，向美軍討一些不要的東西，轉售換取金錢。楊鵬再度到日本時，市面上已經出現「新力牌」收音機。據說是由四個人合夥創辦的。他們當年專門向美軍倉庫乞討真空管、電線、電容器等等，回家後用木盒製造收音機。韓戰發生時，美軍剩餘物資更多，他們乞討愈多，逐漸發展，大量生產而成立新力公司。

楊鵬想起當年蔣委員長在重慶發出抗戰勝利廣播，希望國人「對日本以德報怨」時，說了一句話「二十年後，日本會又是一條好漢」，「日本人能屈能伸，服從團結的精神，已透出這個民族重新抬頭的契機」。這個說法是可以接受的。值得一提的是：他看到「新力牌」的崛起，靠的是「廢物利用」，和日本人的克苦耐勞，而不是「創新」。這跟後來「亞洲四小龍」的崛起，情形十分類似。不知道自己文化的弱點，將導致台灣日後走向衰敗。這一點，本書第三部將再進一步的細論。

第四節　在勝利中失敗

美國以原子彈投擲日本廣島長崎，迫使日本無條件投降。這突然而來的「抗戰勝利」，沖昏了全體中國人的頭。上從蔣委員長和政治領袖，下至平民百姓。一個個震驚興奮如癡如狂。

中國自動的列為世界五強，政府官員一個個以英雄功臣自居，面對廣大的淪陷區家鄉父老驕傲地眉飛色舞，不可一世。廣大淪陷區的兩億同胞，自八月十日從廣播中得知日本無條件投降的消息，家家戶戶以無比歡欣鼓舞的心情，翹首仰望政府「還都」回來。誰也沒有想到，這勝利的開始，卻也是國家失敗的開始。

「失掉民心」

當南京市民從廣播中聽到，國軍最精銳部隊「新六軍」由軍長廖耀湘率領，於八月十六日抵達南京接防。將自中山門進城，步行與民眾見面。全城民眾，家家戶戶搶購國旗炮竹，扶老攜幼，滿街排立，歡欣鼓舞，翹首迎接國軍的到臨。每一條人們看到旗兵手持青天百日滿地紅的國旗到來，立刻大喊大叫，手持國旗跳躍，高呼蔣委員長萬歲萬萬歲。大多數人簇擁部隊兩旁，隨部隊前行。那個場面真是驚天動地。展現出中華民國史上前所未有的全民大團結。

距「光復」「接收」實際上不到四年。能夠堅強抵抗強大日軍的幾百萬國軍，卻被北方農村爬出來的土共打得一敗塗地，節節後撤，終於退到台灣，原因只有一個，就是「失掉民心」。

「得天下有道：得其民，斯得天下矣；得其民有道：得其心，斯得民矣」《孟子．離婁上》。為什麼國民黨「失掉民心」會讓它「失掉天下」呢？

在抗戰勝利後，曾經擔任過國民黨中央黨部聯合秘書處副秘長的徐復觀，依他參與高層應對時局變化的經驗指出：

有四件事，已決定了政權的命運，不是地位低微的我所能力的。

第一、由瘋狂劫（接）收更進一步為瘋狂的物質享受的追逐。

第二、由頑固而又非常自私的

抗戰勝利的歡欣鼓舞

整編政策，變成無可用之將，無可用之兵。當時硬性遣散游離部隊的口號是要『讓這些東西去害死共產黨』，山東、東北的共產黨，就是這樣害大了的。

第三、『三個月消滅共匪』，『六個月消滅共匪』的作戰指導方針，輕突盲進，軍力受到大量的消耗。

第四、黨內瘋狂的選舉競爭，在生死關頭，選到從中央地方的虛脫狀態。

港台新儒家代表人物之一徐復觀

針對第一點，徐復觀認為：

國民政府「接收」人員，如果能以「同胞」的身份和態度來進行「淪陷區」的政權和治權轉移，則中國就可能平順的走上復興的道路。事實上「接收」人員卻是以「勝利者」的心態進入「淪陷區」，「先搶漢奸的財產，繼搶敵人留下的物資……這批『劫收』闖將，從工廠、交通機關等搶入私囊者不過百分之二、三，但是工廠、交通機關的百分之九十七、八皆隨百分之二、三的抽筋折骨而殘廢。」

「抗日英雄」與「草民百姓」

楊鵬在「淪陷區」成長，又曾經在汪政府中工作，他的切身經驗當然比徐教授深刻得多。當時他看到的是；自從國軍還都後，南京街景變了，後方來的人一天天增加，大街上突然出現美製的吉普車，車上坐的都是軍官，穿著美製的緊身小夾克，腰間圍著一條皮帶，掛著一支小手槍，神氣極了。沒有多久，車上就坐上了年輕漂亮的女郎，招搖過市，車子所到之處，不斷按喇叭，要其他人讓路，如有不順，立即用四川口音開罵。市民也多逆來順受，因為他們是高人一等的「抗日英雄」。

在茶樓、餐廳、舞廳、夜總會、電影院、公園等等公共場合，他們若非著軍裝而

人民慶祝抗戰勝利

穿西裝，則必在胸前別一枚勛章，口操幾句四川話，稍有不稱心意，則開口罵人；如欲頂嘴或言語對抗，他們就會出口罵出「你們這些日本走狗」、「你們是小漢奸」、「你們受的是奴化教育」、「敵偽學生」等等。受者只有忍氣吞聲、俯首受辱。楊鵬在淪陷區生活八年，而且是地下抗日份子，心中非常了解：汪精衛政府的下級官員未必很優秀，但沒有對老百姓壞到如此地步。

淪陷區的老百姓受辱之餘目瞪口呆。料不到離散了八年的「父母」，竟是這樣的一付面目，楊鵬認為：造成這種情況的原因，主要是勝利來得太突然，政府匆忙之間，就要派出部隊到廣大的淪陷區各大城市，去「接收」，沒有完整的策劃，沒有周詳的政策要領。各級首長或部隊長對下屬也沒有正確的教育訓練和指示。

他們的心中沒有「愛」、沒有「仁」。一個個把抗戰勝利的桂冠套在自己的頭上。勝利是屬於他們的，而不是全民的。在淪陷區的「草民百姓」面前，他們是英雄、是豪傑、是功臣、是救星；他們所到之處要恭維、要讚美、要崇拜，要人敬畏，要五體投地的感恩載德。這些不知天道地厚、自我膨脹的害群之馬，到達首都南京、上海，就搞得民心全失，最後都被共軍打敗。

「肅奸」與「抄家」

看完還都先遣部隊中下級軍官的惡跡敗行。接著是文官逐批來到南京，開始「肅奸」，驚天動地，大張旗鼓的逮捕「漢奸」。所有汪政府的官員，上自代理主席陳公博，次及院長、部長次長等高官，下及處長、主任科長等等，都是日夜搜捕的對象。所有高官如周佛海、褚民誼、陳璧君、李士群等上百人，都是坐在家中等候軍警入門，俯首就範。一個個被囚於老虎橋等大大小小的監獄中，聽後審判。

汪政府官員周佛海

南京大屠殺的罪魁禍首本來是日本人，可是執行的軍警卻把報仇洩恨的火焰移轉到原是自己人頭上。淪陷區民眾和汪政府官員相處多年，卻是怨少恩多。自從有了他們，萬惡的日軍才退至幕後，人民才能免於亡國奴的痛苦。農工商學一一恢復生機。幾年下來，豐衣足食，到處一片繁榮，可以說是滿清和民國以來，人民生活最好的一段時期。然而，這一批在淪陷區扭轉乾坤的政治家和財經專家，最後卻揹著「漢奸」「賣國賊」的污名，落得囚禁坐牢的下場。

伴隨「逮捕」行動，乃是「抄家」。跟著「抄家」行動，即是「貪污」。霸佔房舍家俬，沒收金銀玉器，搜刮現鈔，勒索金錢。不久以後，市民間就傳言：許多年輕美貌的婦女也都成為了有權官員的俘虜。

抗戰勝利懲治漢奸

第五節　「雜牌軍」與「偽軍」

徐教授說的第二件事：「頑固而又非常自私的整編政策」是指抗日勝利之後，國民黨一方面將非黃埔系統的「雜牌軍」解散，另一方面遣散日本留下的「關東軍」和「偽軍」；於是林彪接收了「關東軍」，劉伯誠接收了大部分的「偽軍」，成為共軍的主力部隊。

在楊鵬看來，這一點是國民黨整體錯誤政策的一個環節。當教育部宣布，汪偽學生的學歷，一律不予承認。理由是：他們所受的乃「奴化教育」。這事情引起了極度的反感。汪的中央軍隊全部學生由校長帶領，一夜之間，渡江投共。不久，汪的最精銳部隊，第一方面軍，由王耀武司令帶領，從蘇北奔向山東，投入新四軍懷抱。隨著第二、第三方面軍也奔向共黨陣營，總數應為四十萬

抗戰時的林彪

人。外界宣稱六十萬人。在此之前，陳誠在東北解散所謂「雜牌部隊」二十萬人，也被中共伸出雙手，迎接而去。這對國府而言，是多大的損失！對中共而言，又是多大的收穫！

「偽學生」搞學運

政府自重慶還都，政府正式宣佈「偽學歷」一概不予承認，理由是「奴化教育」。由政府設立「臨時大學」補修一年課程，方能轉入其他大學。這項措施，等於是在所有學生頭上貼上「偽學校學生」的標籤，心理上受到極大傷害。「臨時大學」的課程著重政治教育，要大家重讀三民主義。其實在汪政府時代，三民主義及忠黨愛國的課程也是必修的科目。

總理遺囑原是汪精衛手筆。三民主義之體系一書係周佛海所寫，並無人修改一個字或另有著作。「我們讀的和大後方沒有兩樣。中央學校從沒有日本顧問或駐在員，也無日本教授。日語是台灣人教的。授課時數遠低於英文。」其他大學，情況也差不多，只是因為處於淪陷，就變成次等國民，惡劣的錯誤政策，令學子義憤填膺。

國共內戰開打，中共趁勢煽動，燃起了反抗烈火。首先是首都大、中學生集體要求民主自由平等，反對獨裁專制，接著全國各大城市一呼萬應，演變成震驚全球的學潮。父母兄弟親戚鄰居跟著附和，變成全民運動，一發不可收拾，注定了內戰節節失敗，所謂一著錯誤，全盤皆輸。

「經濟剝削」與「經濟崩潰」

汪精衛政府治下淪陷區人民豐衣足食，商業繁榮，物價穩定，是中華民國成立以來，經濟上最好的一段時期。日本投降後的一個月，楊鵬被調到重慶受訓十個月。

楊鵬看到人民的衣食住行和經濟情況差到極點，政府的財政也壞到極點。這是可以理解的。在這樣的對比下，國幣的幣值理應低於汪政府「中央儲備銀行」所發行的「儲備券」的幣值。但是在政府「還都」的那幾天，突然宣佈：「國幣和儲備券的兌換率是一比二百」！由重慶到淪陷區的人，用一塊錢可以在淪陷區買到價值兩百塊錢的東西。這個決定完全違背了物價指數和貨幣計價的正規法則，等於是在對淪陷區兩億同胞的資產作廉價的沒收，引起淪陷區人民極度反感。後方來的人則是興高采烈，大肆揮霍，任情採購。所有聲色場所到處充滿了半生不熟的四川話，顯示他們是來自大後方的「抗戰英雄」。淪陷的一切都是他們的戰利品。淪陷區的人民用二百元對他們的一元，似乎應該是沒有話說的。

楊鵬到重慶受訓時，曾經聽到受訓學員告訴他的一則故事：其實周佛海一直和戴笠有秘密聯絡。受訓的同學，現在也住在小白宮內陪周佛海，抗戰勝利後，戴笠特地派專機，把周佛海從南京接到重慶。周住進小白宮後不數日，宋子文即到小白宮會晤周佛海。主要目的是研商國幣和儲備券的兌換率。周說明他在南京發行鈔票的相對基金黃金數目和價值超過發行量。國府如有財政困難，可以考慮以一兌一。宋聞後不悅。周立刻改口說「以一兌二」

宋子文

也可以。宋仍不悅，旋即離去云云。

沒想到宋子文回南京後，竟然宣布以一兌兩百。其狂妄大膽和蠻橫，不但傷透兩億人民的心。最後經濟崩潰，人民朝不保夕，大堆鈔票買不到一斗米。蔣先生如何不敗？中共豈能不勝？宋在國家危急時，辭去行政院長遠走美國，從此隱姓埋名，無人知其音訊。

「軍事潰敗」與「選舉虛脫」

金元券崩潰後，經濟及社會全面失控。一九四八年秋，林彪在東北發動全面攻勢，粟裕的華東野戰軍進攻濟南，鄧小平和劉百誠的中原野戰軍在河南發動攻勢，會和粟裕，發動決定性的淮

李宗仁（左）與蔣介石（右）

海戰役。一九四八年底，共軍取得了勝利，蔣介石被迫下野，由桂系的李宗仁代總統。一九四九年五月，共軍渡過長江，一九四九年十月一日，中華人民共和國宣告成立。這就是徐復觀說：國民黨用「自大」和「自私」的態度，處理和共產黨武力戰爭的結果！

楊鵬的《見證一生》，並沒有注意到：徐復觀提到的第四件事，自一九四七年開始，為了由「訓政」走到「憲政」，國民黨和各民主黨派熱衷於各種「委員」和「代表」的選舉：「當時風雲已非常緊急，全國搶選舉，卻如醉如狂，自中央以至地方，各種實際工作皆廢棄一旁，使全國成癱瘓虛脫狀態。」在總統和副總統的選舉過程，造成國民黨和桂系的分裂。一九四八年五月二十日第一任總統就職，隨之而來的是國民黨在軍事上的全面潰敗。

「漢奸」或「仁者」

與之對比下，楊鵬非常重視，卻為徐復觀所忽略掉的一件事，是汪精衛墳墓被挖開，屍體曝露的消息。楊鵬記憶非常深刻的一件事，是南京中央大學復校後，汪先生蒞臨演講。一開始便說「我不入地獄，誰入地獄」，隨後又說「如果不能和，還是要戰」。他那「高昂鏗鏘的廣東國語，那正氣磅礴的英雄氣概，那一心救民報國的偉大胸懷，使在場學生深為感動」。

汪精衛二十一歲時，奉國父命前往北京刺殺攝政王被捕，寫的「告全黨同志書」、「告全國同胞書」，連慈禧太后讀後也拍案驚奇，大罵滿朝文武沒人有此才華，在牢中寫的「雙照樓詞」文字之美，感人心腑。民國二十四年在國民黨中常會上演講，獲得全場連續二十九次鼓掌。他不貪污，不享受。楊鵬認為：「他是一個曠世奇遇的政治家，而且是親身冒險的實行家，拋下至高權位跳下虎穴，搶救子民的勇者智者仁者。」

楊鵬在汪政府「經濟委員會」（後改為「實業部」）任職期間，汪精衛與日方舉行「日華經濟命脈聯合會」，他擔任「副記錄」，目睹日本屢次向汪政府要求調高日軍票換取汪政府儲備券的比例等等。有好多次為汪精衛反對，也有好幾次汪也讓步。有一、二次汪精衛在會議上大發脾氣，與日方代表爭吵。尤其是日本發動所謂「太平洋戰爭」後，日方多次要求汪精衛徵調三十萬壯丁，支援日本日益擴大的戰場。汪堅拒要求，雙方氣氛極其惡劣。汪因過度氣憤，舊傷發炎生病，被日本誘往東京醫療，又強迫汪簽字，汪寧死拒簽，不久即死在東京，死因成迷。民間傳說係日軍毒殺，以要挾代主席陳公博執行其征兵要求，亦未得逞。

「人在曹營，心在漢」

汪先生打破日汪河內協定不得建軍的限制，以反共清鄉為名，建立了三個軍團（稱為第一、二、三方面軍），都在周佛海領導下，以秘密電台與重慶聯絡。每個軍團都接受了國軍的番號待命行事。重慶派在淪陷區的地下工作人員及游擊部隊都巧妙地無形地受到庇護，營救或密囑逃亡或移動駐地。楊鵬個人就有一個切身經驗：

民國三十三年夏秋之交，實業部內同事傳說日本人懷疑經濟委員會和實業部內可能有重慶潛伏的間諜，要求清查追究，楊鵬聽到後心裡發毛，既不敢問，也不敢聽。有一天，他持公文往見主任秘書姜左營，姜是山東人，學者出身，是他受訓的訓練班主任，大家都稱呼他「老師」。

主任閱後簽字，楊鵬持回公文，鞠躬轉身要離開時，主任突然叫他止步並命他坐下，說：「我要和你談點事情，不要緊張。你是我的學生，我是你的老師。任何事情，我都會幫助你，最近日方傳來訊息，懷疑我們實業部有重慶份子向重慶提供情報，要我們徹底清查。這事另外一、二機構也牽連在內，我們不會理睬。日本人不能到內部查人，這裡由我主辦，但部裡已有人在我面前懷疑你是重慶份子，都給我擋住了。我希望你不是，也希望你是。坦白說，自汪主席以下，我們都是『人在曹營心在漢』。你不用怕，如你不是，當然無事。如你是，也不要怕。怕的是日本的便衣偵查隊，你在外面的行止活動，就要小心。

我今天並不要你在我面前承認，如果你是，我建議你用個適當的理由請假一段時期，最好離開南京，一、二個月後再來找我，我會安排你到另外單位工作。」

主任又說：「你有一個可疑之處，就是你現在的姓名與你在中大讀書的姓名完全不同，這是你很難解釋的。」楊鵬聽得心中發抖，臉上發白。老師對他如此坦誠，說法又如此婉委，使楊鵬感動得趴在地上向他下跪。主任將他扶起，要他不動聲色，趕快離開，勿起人疑竇。

「蔣汪合謀」與「命喪黑牢」

如此的經驗讓楊鵬相信，中國上古「太極」圖的哲理：「正反相合，陰陽共濟」。他認為：蔣委員長在重慶正面領導抗戰，立於「正」。汪先生投入日軍佔領區以「和平」為名，建立政權，組織軍隊，恢復失土，立於「反」。若非美國原子彈中途插手，只待一天，委員長一聲令下，「正」「反」一合，內外夾攻，全部日軍只有死路一條。這是「淪陷區同胞父以告子、兄以告弟、口手相傳、深信不疑的」。孫子兵法要補上汪精衛所示範的「大戰略」，才能盡善盡美。

或許是當年淪陷區老百姓普遍的期望。但這卻不是歷史真正的發展方向。美國在廣島和長崎投下兩顆原子彈，漫長的抗戰驟然結束，突如其來的勝利助長了國民政府驕橫的心態和錯誤的接收政策，掀起了人民普遍的反感。其中有兩件事最讓楊鵬耿耿於懷：第一、抗戰勝利後，包括周佛海在內的汪政府委員大多被捕下獄。

軍統首腦戴笠

民國三十五年三月十四日，戴笠因飛機失事，死於南京。當時許多人都知道；周佛海曾經被軍統所吸收，但戴笠一死，周佛海頓失所依，他先依「懲治漢奸條例」，被判死刑；後減為無期徒刑，最後是病死獄中。

「炸墳曝屍」與「以德報怨」

第二、是汪精衛墳墓被挖，屍體曝露的消息。汪精衛死後，遺體依其遺願歸葬於南京中山陵西南的梅花山。抗戰勝利後，翌年一月，國民政府派工兵將其墳墓炸毀，遺體運往清涼山火葬場焚化。這個作法，讓楊鵬極感痛心。

他認為：在中國傳統文化中，這是傷天害理的事。即使民間傳說「蔣汪合謀」對付日寇，並非事實，可是汪精衛並未反對領袖，對抗重慶；更未出賣國土，或受日本人指揮，壓榨民財，罪不致於曝屍棄野。蔣委員長大聲疾呼，對屠殺南京同胞三十萬的罪魁禍首要「以德報怨」，對照顧人民又背負漢奸罪名的汪精衛卻如此殘酷，結果當然是天怒人怨，民心盡失。

按理說，日本投降，中國勝利。收復失土，台灣和所有外國租借都回到祖國懷抱，正是政府復甦經濟，實施民主憲政的大好機會。想不到一連串的錯誤政策，挑起了內戰，不到四年時間，裝備精良的幾百萬國軍，被出自山野農村為數不到國軍一半的共軍打得落花流水，最後敗退到台灣。

一段歷史的轉變，完全出人意料之外。照國民黨自己的說法，主要是蘇聯支持中共，把日軍留住東北可以裝備八十萬軍隊的武器交給林彪，扭轉了戰局。除此之外，中共長期布置在國府內部的間諜洩漏最高機密，以致每戰應勝而反敗。兩種說法或許真有其事，但楊鵬認為：根本原因乃是上述許多政策嚴重錯誤，喪失民心。所謂「水能載舟，亦能覆舟」。民心與士氣乃一體之兩面。天下沒有失掉民心而士氣不喪的事。

「淪陷區」與「大後方」的對比

在我看來，當年國民政府之所以會作出一系列嚴重的政策錯誤，主要問題在於「艱苦抗戰」的「大後方」和「生活富裕」的「淪陷區」生活條件存有強烈的反差，在萬分艱苦的條件下苦撐的國軍官兵，沒想到美國的原子彈迫使日本立即投降，一夕之間變成了戰勝的英雄，而以「戰勝者」的姿態，變成「接收」，回到被「光復」的「淪陷區」，雙方生活條件的強烈反差，使他們忘了「直道而行」，而開始「劫收」各種「戰利品」。許多國民政府官員得意忘形，而又「飢不擇食」地假公濟私，大搞「五子登科」，最後是整個體制的快速崩潰。

楊鵬被軍統局調到陪都重慶去受訓的時候，他立刻注意到重慶「市區房屋簡陋陳舊不堪，斷簷殘壁到處都是」，相反的，「淪陷區除了南京大屠殺以外，在汪精衛治下，老百姓過的是物質充沛的富裕生活」（頁一〇五—一〇六）。

楊鵬親身的經驗告訴他，後方大學的校舍、師資、設備……等等卻和他就讀的中央大學相差甚遠，他感到很不服氣的是：政府不但不承認他們的學歷，反而給他們扣上一頂「敵偽」的大帽，迫使他們必須隱藏學歷。「說自己是高中畢業嘛？實在是心有不甘；說有大學學歷吧！反而招來輕蔑筆試的眼光」（頁五一）。

他們不服氣的是：日本當年是「敵」國，「但到日本留學的畢業生，無論抗戰前、抗戰後以及抗戰期間，其學歷不但承認，而且堂而皇之的承認，且有尊奉的心態，和留德國、英國、美國、俄國一樣的被政府和民間捧為『外國歸國學人』（頁五一—五二），」認為「其間的矛盾是非，令人不解」。

這個問題已經涉及更深層「殖民現代性」議題。更清楚地說，從一九〇五年清廷廢止科舉以來，所謂「大學」的一切建制，都是外來的。在中國知識份子對西方文化欠缺相應理解的情況下，他們很容易將西方大學的建制加以神聖化，盲目崇拜，而產生「自我殖民」的心態。

來自「大後方」的「勝利者」，雖然大權在握，他們敢於歧視「淪陷區」的大學，將他們貶抑為「敵偽」大學，卻不敢貶抑其殖民母國的大學，因為後者隱含有較高的「現代性」或「進步性」。這個問題，我們將留待第三部再做細論。

歷史與現場 278

台灣自我殖民的困境：從被出賣到凌虐，台灣被殖民與自我殖民的困境

作者　黃光國
編輯　葉惟禎
圖片提供　黃光國
行銷企劃　江季勳
美術編輯　趙小芳
封面設計　斐類設計

董事長　趙政岷
出版者　時報文化出版企業股份有限公司
10803 臺北市和平西路三段240號七樓
發行專線｜02-2306-6842
讀者服務專線｜0800-231-705｜02-2304-7103
讀者服務傳真｜02-2304-6858
郵撥｜19344724 時報文化出版公司
信箱｜10899臺北華江橋郵局第99信箱
時報悅讀網　http://www.readingtimes.com.tw
法律顧問　理律法律事務所｜陳長文律師、李念祖律師
印刷　盈昌印刷有限公司
初版一刷　2019年11月29日
定價　新台幣380元

時報文化出版公司成立於一九七五年，並於一九九九年股票上櫃公開發行，於二〇〇八年脫離中時集團非屬旺中，以「尊重智慧與創意的文化事業」為信念。

ISBN 978-957-13-8031-5｜Printed in Taiwan

台灣自我殖民的困境：從被出賣到凌虐,台灣被殖民與自我殖民的困境／黃光國著. – 初版. -- 臺北市：時報文化, 2019.11｜304面；14.8x21公分. --（歷史與現場；278）｜ISBN 978-957-13-8031-5（平裝）｜1.臺灣史 2.近代史 3.殖民主義｜733.21｜108019093